Dietmar Thönnes

Hans-Werner Thönnes

Atempausen für mich

Dietmar Thönnes
Hans-Werner Thönnes

Atempausen für mich

Kurzandachten für zu Hause

Butzon & Bercker

Die Deutsche Bibliothek – CIP-Einheitsaufnahme

Ein Titeldatensatz für diese Publikation ist bei
Der Deutschen Bibliothek erhältlich.

verlags gruppe engagement

ISBN 3-7666-0370-1

Illustrationen: Anne Wessels, Münster
Gestaltung und Layout: Ulrike Stüdemann, livingpage.de
Druck und Bindung: Clausen & Bosse, Leck

Inhalt

Ein Wort zuvor

Andachten sind – wie alle Liturgie – mehr als nur meditative Texte, mehr als Schriftworte und Betrachtungen. Zum wahren Gottesdienst gehören immer auch Gebet, Predigt, Meditation und Musik. Die 17 Kurzandachten dieses Buches möchten diese Art der Anbetung ermöglichen. Sie sind jeweils unter das Motto eines Schriftwortes aus der Bibel gestellt und können in aller Ruhe und Muße allein zu Hause gefeiert werden.

Über die angezeigten Nummern kann Musik von der beiliegenden CD in die Andachten eingespielt werden. Beim Hören der Musik können Sie über das eben gelesene Evangelium nachdenken, die Kurzpredigten meditieren oder einfach nur Ihren Gedanken Raum lassen. Selbstverständlich kann die Musik der CD auch separat gehört werden; sie ist so ausgesucht und zusammengestellt, dass sich Choralvorspiele mit Kammermusik abwechseln. Die ausgewählten Illustrationen helfen, wie nur die Kunst es vermag, sich auf Themen und Texte einzulassen und immer wieder Neues zu entdecken.

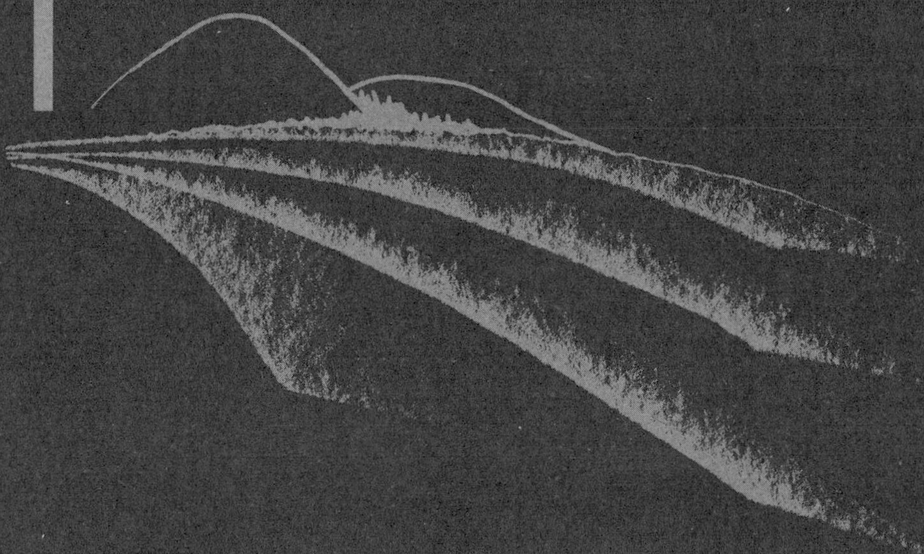

Mein Leben in Gottes Hand

CD Nr. 22

J. S. Bach

Choralvorspiel

«Ich ruf zu dir, Herr Jesu Christ»

BWV 639

Gebet

Gott, guter Vater im Himmel,
du hast mich in deinem Herzen erdacht,
noch bevor ich in diese Welt hineingeboren wurde.
Du hast mich aus der Liebe
zwischen Mutter und Vater entstehen lassen.
Unergründlich ist für mich dieses Geschehen,
voll Staunen erfahre ich,
dass die Anfänge meines Lebens
für mich nicht zu begreifen sind.
Ich danke dir, dass ich dieses Leben leben darf.
Ich danke dir, dass du mich so gestaltet hast.
Trotz mancher Fehler und offenen Wünsche
darf ich mich freuen und glücklich sein,
denn ich weiß, du, mein Schöpfer,
hältst mein Leben in deinen Händen.
Du bist die Quelle des Lebens
und du bist es auch, in dessen Arme
ich einst zurückkehre.
Dir sei der Lobpreis in Ewigkeit.
Amen.

Schriftlesung

Psalm 63,1–9

Gott, du mein Gott, dich suche ich,
meine Seele dürstet nach dir.
Nach dir schmachtet mein Leib
wie dürres, lechzendes Land ohne Wasser.
Darum halte ich Ausschau nach dir im Heiligtum,
um deine Macht und Herrlichkeit zu sehen.
Denn deine Huld ist besser als das Leben;
darum preisen dich meine Lippen.
Ich will dich rühmen mein Leben lang,
in deinem Namen die Hände erheben.
Wie an Fett und Mark wird satt meine Seele,
mit jubelnden Lippen soll mein Mund dich preisen.
Ich denke an dich auf nächtlichem Lager
und sinne über dich nach, wenn ich wache.
Ja, du wurdest meine Hilfe;
jubeln kann ich im Schatten deiner Flügel.
Meine Seele hängt an dir,
deine rechte Hand hält mich fest.

Johannes 15,1–8

Ich bin der wahre Weinstock und mein Vater ist der Winzer. Jede Rebe an mir, die keine Frucht bringt, schneidet er ab und jede Rebe, die Frucht bringt, reinigt er, damit sie mehr Frucht bringt. Ihr seid schon rein durch das Wort, das ich zu euch gesagt habe. Bleibt in mir, dann bleibe ich in euch. Wie die Rebe aus sich keine Frucht bringen kann, sondern nur, wenn sie am Weinstock bleibt, so könnt auch ihr keine Frucht bringen, wenn ihr nicht in mir bleibt. Ich bin der Weinstock, ihr seid die Reben. Wer in mir bleibt und in wem ich bleibe, der bringt reiche Frucht; denn getrennt von mir könnt ihr nichts vollbringen. Wer nicht in mir bleibt, wird wie die Rebe weggeworfen und er verdorrt. Man sammelt die Reben, wirft sie ins Feuer und sie verbrennen. Wenn ihr in mir bleibt und wenn meine Worte in euch bleiben, dann bittet um alles, was ihr wollt: Ihr werdet es erhalten. Mein Vater wird dadurch verherrlicht, dass ihr reiche Frucht bringt und meine Jünger werdet.

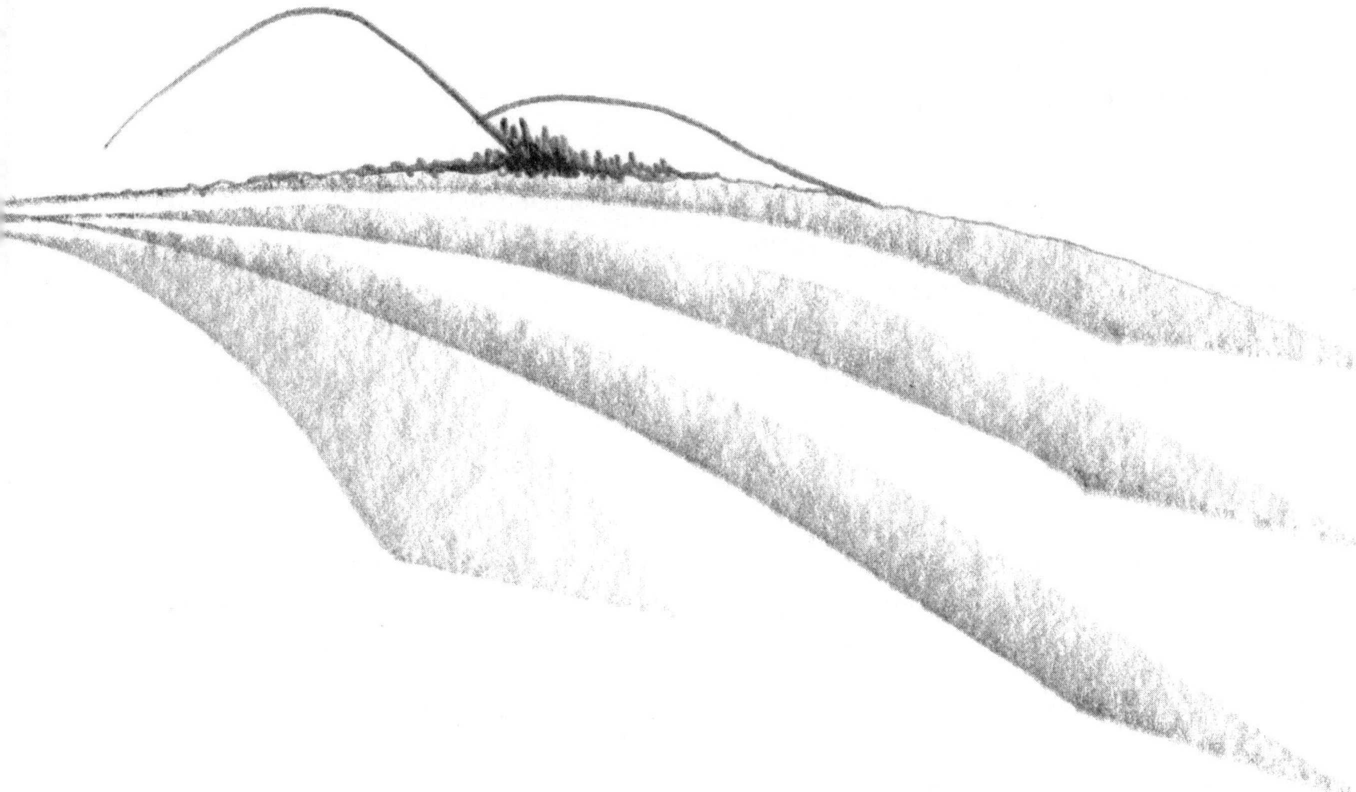

Betrachtung

Christus, der uns Leben gibt

Manchmal stelle ich mir vor, wie die ersten Christen einander aufgefordert haben müssen: Erzähl doch mal! Wie war er denn, dieser Jesus von Nazaret? Wie ist er dir begegnet? Womit hat er dich angesprochen? Ein Erzählfluss kommt in Gang, und aus dem, was Jesus gesagt und getan hat, wird das Evangelium, ein gestaltetes Wort an die Gemeinde: So sollt ihr euch Jesus vorstellen, und so sollt ihr, die ihr zu ihm gehört, euch selbst verstehen! Das Evangelium ist sowohl Einladung, aus ihm, Jesus, alle Lebenskraft zu ziehen, als auch Mahnung, an Jesus Christus auf jeden Fall festzuhalten.

Wir lesen einen solchen Text als Christen des 21. Jahrhunderts, und indem wir ihn lesen, geht seine Geschichte weiter. Ein Jesus-Wort wird zu unserer Geschichte, wenn wir dieses Wort aufnehmen. Die Wahrheit seiner Worte erschließt sich immer neu: Was mit den Jüngern Jesu begann, setzt sich über die Christen des 1. Jahrhunderts, über die junge Gemeinde des Johannes und über mehr als 2000 Jahre Kirchengeschichte fort bis zu uns. Und so unterschiedlich wie die Hörer, so bunt wie deren Leben sind auch die Reaktionen auf das, was da im Johannesevangelium gesagt ist. Manche werden einfach begeistert sein und sich darüber freuen, dass Jesus ihnen seine Nähe zusagt. Einige werden fragen, wie das denn geht, sich „ganz in Jesus Christus festzumachen". Andere fragen, ob das wahr ist, was sie von Jesus gehört und verstanden haben, und wieder andere wollen wissen: Wie unterscheidet uns diese Botschaft von denen, die Jesus nicht kennen und die nicht an ihn glauben? Jede Generation, jeder Hörerkreis wird angestiftet, nach dem eigenen Lebensgrund zu forschen, auf die jeweils eigene Art Frucht zu bringen und lebendig zu sein.

Die Botschaft des Evangeliums ist zuallererst entlastend und bestärkend: In Jesus Christus sorgt Gott für uns. Aus ihm kann jeder Mensch die Kraft zum Leben ziehen, so wie die Rebzweige aus dem Weinstock. Die Verbindung mit ihm

nährt uns, stärkt uns, sie erfüllt uns mit Leben und mit Fruchtbarkeit. Das kann im Alltag erkennbar werden. Jesus lebt überall dort, wo Christen sagen: So leben wir, so gehen wir mit Nöten um, weil der Glaube uns stärkt. Jesus lebt überall, wo wir ihn um etwas bitten, wo wir ehrlich aussprechen: Gott sei Dank!, aber auch dort, wo wir ringen und fragen: Gott, warum?
Doch wie „verwächst" man mit Christus? Wie „nährt" man aus ihm sein Leben? Was muss passieren, damit wir wie die Rebzweige Frucht bringen, damit wir nicht verdorren?
Eine einfache Spur führt in die richtige Richtung: Es ist die Spur unseres Alltags. Es wird nämlich viel davon abhängen, ob wir alltäglich mit Christus umgehen. Bin ich Tag für Tag bereit, mein Leben mit ihm zu konfrontieren? Lasse ich mich fragen, was mein Glaube in dieser oder jener Situation, in dieser oder jener Entscheidung für mich bedeutet? Rechne ich wirklich mit Jesus an jedem Tag meines Lebens?

Vielleicht ist es wie mit liebenden Menschen: Die Welt, mein Leben, meinen Alltag möchte ich immer auch mit den Augen des anderen sehen. Was mir geschieht, was ich entscheiden muss, was meine Sache ist, das möchte ich mir auch aus der Perspektive des anderen vorstellen und aus seiner Sicht bedenken. Mit Christus zusammenwachsen – vielleicht geschieht das überall da, wo wir dem Gedanken Raum geben, dass er uns nahe ist in jedem Augenblick und in jedem Atemzug, den wir tun. Vielleicht geschieht das, wenn wir uns in unserem alltäglichen Leben und Erleben fragen: Was wäre, wenn er jetzt tatsächlich neben mir stünde und so „bei mir" wäre? Was würde er sagen? Wohin würde er mich bewegen?
Das Bild vom Weinstock ist bei genauer Betrachtung tatsächlich so alltäglich und einfach. Dass Christus uns beleben möge ist der Wunsch, der daraus erwachsen kann. Wie die Früchte eines solchen Lebens aussehen werden, darauf dürfen wir gespannt und neugierig sein.

CD Nr. 30

G. Ph. Telemann

Triosonate g-Moll, Soave ma non adagio

Segensgebet

Gott, du mein Gott,
deine Hand hält mich fest;
im Schatten deiner Flügel bin ich geborgen.
Sei mit deinem Segen bei mir
und begleite mich alle Tage meines Lebens.
Bleib bei mir, auch wenn es Abend wird,
und schenke mir die Erfahrung,
dass mein Leben in deinen Händen ruht.
So bitte ich dich, den dreieinigen Gott,
den Vater, den Sohn und den Heiligen Geist.
Amen.

2

Mit Christus das Leben gewinnen – vertrauensvoll in die Zukunft blicken

CD Nr. 7

G. Ph. Telemann

Trio c-Moll, Vivace

Gebet

Gott, barmherziger Vater, du meine Zukunft!
Dein Sohn, Jesus Christus,
ist meine Hoffnung auf ewiges Leben.
Sei mit mir auf dem Weg.
Dein Geist sei meine Hilfe und mein Beistand,
wenn ich verfolgt und irregeleitet werde.
Lass mich standhaft bleiben bis zum Ende,
damit ich mit Christus das Leben gewinne
und vertrauensvoll in die Zukunft blicke.
So bitte ich durch ihn,
der mit dir und dem Heiligen Geist
lebt in Ewigkeit.
Amen.

Schriftlesung

Lukas 21,5–19

Als einige darüber sprachen, dass der Tempel mit schönen Steinen und Weihegeschenken geschmückt sei, sagte Jesus: Es wird eine Zeit kommen, da wird von allem, was ihr hier seht, kein Stein auf dem andern bleiben; alles wird niedergerissen werden.
Sie fragten ihn: Meister, wann wird das geschehen und an welchen Zeichen wird man erkennen, dass es beginnt? Er antwortete: Gebt Acht, dass man euch nicht irreführt! Denn viele werden unter meinem Namen auftreten und sagen: Ich bin es!, und: Die Zeit ist da. – Lauft ihnen nicht nach! Und wenn ihr von Kriegen und Unruhen hört, lasst euch dadurch nicht erschrecken! Denn das muss als Erstes geschehen; aber das Ende kommt noch nicht sofort. Dann sagte er zu ihnen: Ein Volk wird sich gegen das andere erheben und ein Reich gegen das andere. Es wird gewaltige Erdbeben und an vielen Orten Seuchen und Hungersnöte geben; schreckliche Dinge werden geschehen und am Himmel wird man gewaltige Zeichen sehen. Aber bevor das alles geschieht, wird man euch festnehmen und euch verfolgen. Man wird euch um meines Namens willen den Gerichten der Synagogen übergeben, ins Gefängnis werfen und vor Könige und Statthalter bringen. Dann werdet ihr Zeugnis ablegen können. Nehmt euch fest vor, nicht im voraus für eure Verteidigung zu sorgen; denn ich werde euch die Worte und die Weisheit eingeben, sodass alle eure Gegner nicht dagegen ankommen und nichts dagegen sagen können. Sogar eure Eltern und Geschwister, eure Verwandten und Freunde werden euch ausliefern und manche von euch wird man töten. Und ihr werdet um meines Namens willen von allen gehasst werden. Und doch wird euch kein Haar gekrümmt werden. Wenn ihr standhaft bleibt, werdet ihr das Leben gewinnen.

Schriftlesung

Maleachi 3,19–20b

Da seht, der Tag kommt, er brennt wie ein Ofen:
Da werden alle Überheblichen
und Frevler zu Spreu
und der Tag, der kommt, wird sie verbrennen,
spricht der Herr der Heere.
Weder Wurzel noch Zweig wird ihnen bleiben.
Für euch aber, die ihr meinen Namen fürchtet,
wird die Sonne der Gerechtigkeit aufgehen
und ihre Flügel bringen Heilung.

2 Thessalonicher 3,7–12

Ihr selbst wisst, wie man uns nachahmen soll. Wir haben bei euch kein unordentliches Leben geführt und bei niemand unser Brot umsonst gegessen; wir haben uns gemüht und geplagt, Tag und Nacht haben wir gearbeitet, um keinem von euch zur Last zu fallen. Nicht als hätten wir keinen Anspruch auf Unterhalt; wir wollten euch aber ein Beispiel geben, damit ihr uns nachahmen könnt. Denn als wir bei euch waren, haben wir euch die Regel eingeprägt: Wer nicht arbeiten will, soll auch nicht essen. Wir hören aber, dass einige von euch ein unordentliches Leben führen und alles Mögliche treiben, nur nicht arbeiten. Wir ermahnen sie und gebieten ihnen im Namen Jesu Christi, des Herrn, in Ruhe ihrer Arbeit nachzugehen und ihr selbst verdientes Brot zu essen.

Betrachtung

Mit Christus das Leben gewinnen – vertrauensvoll in die Zukunft blicken

Die Zukunft in den Griff bekommen: Ich kenne viele, die sich das wünschen. Manchmal möchte auch ich eine Vorstellung davon bekommen, was mich noch erwartet; manchmal möchte auch ich „um die Ecke schauen" und sehen, wie es weitergeht. Denn was ich kenne, das erschreckt und ängstigt mich längst nicht so wie das Ungewisse und Fremde. Wenn ich sehe, was kommt, dann kann ich mich darauf einstellen. Aber dass etwas ganz plötzlich und unvermutet kommt, dass die Zukunft unberechenbar bleibt, das hat wohl keiner von uns gerne.

Lukas wendet sich an Leute, die so sind wie wir. Sie quälen sich mit Unsicherheiten und Ängsten, und sie haben den Wunsch, Gewissheit zu bekommen für die eigene Zukunft. Und Lukas spricht zu Menschen, die zugleich auch anders sind als wir, weil sie mit dem Ende der Welt rechnen und mit der Endlichkeit des eigenen Lebens. Damals war das ein vertrauter Gedanke. Schon 500 Jahre zuvor beschrieb der Prophet Maleachi die Untergangsstimmung und die Ängste der Menschen. Und im Neuen Testament sagt der Apostel Paulus den Christen zu: Die Welt und ihre Gestalt werden vergehen, und dann wird der Herr wiederkommen. Die biblischen Texte fassen aber das Ende nicht nur ins Auge, sondern sagen ausgerechnet dabei das Heil für alle an, die Gott suchen und die Verbindung mit ihm wollen. Bei Maleachi klingt das fast poetisch: Für euch aber, die ihr meinen Namen fürchtet, wird die Sonne der Gerechtigkeit aufgehen und ihre Flügel bringen Heilung. Und Lukas, der Evangelist, kann bei aller Untergangsprognose sagen: Und doch wird euch kein Haar gekrümmt. Wenn ihr standhaft bleibt, dann werdet ihr das Leben finden. Ist das nicht faszi-

nierend? Mitten im beschriebenen Chaos leuchtet neue Hoffnung auf! Bei aller vorhergesehenen Not dürfen die Zuhörer aufhorchen und vertrauen.
Heute sehen wir, wie die Umwelt zunehmend verschmutzt wird, wir hören von weltweiten Krisen und Kriegen, wir werden Zeugen immer neu aufbrechender erbärmlicher Not. Auch mitten unter uns leben Menschen, die unter einer Last stöhnen. Vielleicht wissen wir selbst aus eigener Erfahrung, dass das Leben nicht bloß Glück und Sonnenschein und die Welt nicht frei von Sorgen ist. Leben und Welt sind immer bedroht, gefährdet und begrenzt.
Die Bibel bleibt dabei aber nicht stehen. Sie setzt einen Unterschied zu den vielen Klageliedern, die unter uns die Runde machen. Sie lädt uns ein, weiter zu sehen. Der letzte Satz ist in der Heiligen Schrift nie ein Satz des Untergangs, am Ende steht da niemals einfach nur das Chaos. Das Leben hat immer die größere Chance; in allem dürfen wir darauf vertrauen, dass wir Jesus entgegengehen, dass wir schließlich Jesus kommen sehen werden. Wir dürfen uns für die Begegnung mit ihm bereithalten. Selbst wenn wir jetzt unzufrieden sind, selbst dann, wenn es uns jetzt dreckig geht, gilt am Ende auch für uns: Euch wird kein Haar gekrümmt und ihr werdet das Leben gewinnen.

CD Nr. 32

J. S. Bach
Choralvorspiel
«Ach, bleib bei uns, Herr Jesu Christ»
BWV 649

Segensgebet

Gott meiner Zukunft,
du hältst mein Leben in deinen Händen,
in deinem Schoß bin ich geborgen.
Bleib bei mir und beschütze mich
im Namen des Vaters und des Sohnes
und des Heiligen Geistes.
Amen.

3

Wem werde ich der Nächste sein?

CD Nr. 4

J. S. Bach
Choralvorspiel
«In dich hab ich gehoffet, Herr»
BWV 640

Gebet

Gott der Barmherzigkeit,
du meine Hoffnung,
nicht selten überlege ich:
Wer ist mein Nächster,
wem soll ich Gutes tun
und was ist dein Auftrag
für mich in dieser Welt?
Lehre mich,
wer meine Schwestern und Brüder sind,
zeige mir durch dein Wort,
wie ich sinnvoll mein Leben gestalte,
und mache mich zu deiner Hand,
die anderen Gutes tut.
Um deinen Beistand und deinen Geist
bitte ich dich
durch Jesus Christus, meinen Herrn.
Amen.

Schriftlesung

Lukas 10,25-37

Als unser Heiland sitzend das Volk lehrte und auf seine Fragen antwortete, stand ein Rechtsgelehrter auf und sagte: „Meister, was soll ich tun, dass ich nach meinem Tod ein anderes glückliches Leben führe?" Jesus sagte zu ihm: „Das erste aller Gebote ist, der Herr unser Gott ist ein Gott; und du sollst den Herrn deinen Gott von ganzem Herzen lieben und von ganzer Seele und von ganzem Gemüt und mit allen Kräften. Und das zweite ist dem ersten gleich. Du sollst deinen Nächsten lieben wie dich selbst. Kein anderes Gebot ist größer." Da sagte der Rechtsgelehrte: „Wer aber ist mein Nächster? Sag es mir, damit ich es weiß." Jesus antwortete mit diesem Gleichnis: „Es war einmal ein Reisender", sagte er, „der auf der Reise von Jerusalem nach Jericho unter die Räuber fiel; und sie raubten ihm seine Kleider und verwundeten ihn und gingen fort, indem sie ihn halb tot auf der Straße liegen ließen. Ein Priester, der gerade dieses Weges kam, während der arme Mann dort lag, sah ihn, aber achtete seiner nicht und ging auf der anderen Seite des Weges vorüber. Ein anderer Mann, ein Levit, kam diesen Weg entlang und sah ihn ebenfalls; er sah ihn nur einen Augenblick an und ging dann ebenfalls vorüber. Aber ein Samariter, der diese Straße entlang reiste, erbarmte sich seiner sofort, als er ihn sah, wusch seine Wunden mit Öl und Wein und setzte ihn auf das Tier, auf dem er selbst ritt, und brachte ihn in eine Herberge; und am nächsten Morgen nahm er aus seiner Tasche zwei Groschen, gab sie dem Wirt und sagte: Sorg für ihn, und was du außerdem für ihn brauchst zu seiner Verpflegung, werde ich dir wiedergeben, wenn ich hierher zurückkehre." – „Wer nun von diesen drei Männern", sagte unser Heiland zu dem Rechtsgelehrten, „glaubst du, sollte der Nächste des Mannes genannt werden, der unter die Räuber fiel?" Der Rechtsgelehrte sagte: „Der Mann, der sich seiner erbarmte." „So ist es", erwiderte unser Heiland. „Geh nun und tue das Gleiche! Hab Mitleid mit allen Menschen. Denn alle Menschen sind deine Nächsten und Brüder."

CD Nr. 8

G. Ph. Telemann

Trio c-Moll, Andante

Betrachtung

Wem werde ich der Nächste sein?

Die Nachrichten aus der weiten Welt holen uns ein. An manchen Tagen halten wir das kaum aus. Zehn Tote bei einem Massaker in Algerien, Erdbebentote auf den Azoren, 25 Chinesen Opfer von Menschenhandel, um ein Haar verhungert und erstickt. Flutkatastrophe in Bangladesch, Totschlag und Gewalttat ohne Ende im Kosovo.
Der Friedensprozess in Nordirland bleibt weiter gefährdet, Israel und seine palästinensischen Nachbarn finden keine Ruhe.
Das ist nicht das ganze Bild der Welt und der Menschen. Nicht alles ist böse und nicht jeder ist schlecht. Aber die beschriebenen Nachrichten kommen zu uns ins Wohnzimmer. Sie springen uns aus den Schlagzeilen an und rücken uns bedrohlich nahe. Und wir? Wir möchten uns retten vor dieser Flut, wir schalten ab, drehen das Radio aus, legen die Zeitung zur Seite. Wer möchte nicht einmal etwas anderes sehen als das Böse, einmal andere Nachrichten hören! Aber Wegsehen als Grundhaltung?
Das ist zumindest fragwürdig. Das macht dickhäutig und gleichgültig. Wer nichts und niemanden mehr sehen kann, wen kein Schmerz und keine Not mehr angehen darf – der spürt am Ende auch sich selbst und sein eigenes Leben nicht mehr.
Jesus öffnet dem Gesetzeslehrer die Augen und zieht uns auf dem Weg über das Lukas-Evangelium mit in die Geschichte hinein. Diese beginnt auf sicherem Boden, auf der Ebene des Gesetzes nämlich und mit der Frage des Gesetzeslehrers: Was muss ich tun? Damit kennt der Mann sich aus, er weiß selbst, was geschrieben steht und wie die Gebote heißen. Die Antwort auf die Rückfrage Jesu kommt dementsprechend wie aus dem Effeff: Du sollst ...!
Aber: War es das? Noch lange nicht! Wer ist denn mein Nächster? Doch wohl nicht jeder, dessen Bild mich von der Mattscheibe anschaut oder dessen Gesicht ich in der Zeitung sehe! Die Antwort, die Jesus gibt, ist leicht und anspruchsvoll zugleich: Nicht jeder ist dein Nächster, aber sehr wohl der,

dem du nahe kommst! Der ist dein Nächster, an den du herangehst, dem du dich näherst! Jesus dreht den Spieß einfach um. Die Frage heißt nicht mehr: Wer ist mein Nächster, wer kommt an mich heran?, sondern: Wem werde ich zum Nächsten? Und schon ist der Gesetzeslehrer und sind wir wieder im Spiel, in der Geschichte und auch im Ernstfall.

Und wie, fragen Sie vielleicht, wie geht das, wie soll ich meinen Nächsten erkennen?

Es geht zum Beispiel, indem wir die Bilder und Nachrichten anschauen und an sie herangehen, nicht die Augen zumachen oder wegsehen. Es geht, indem wir uns denen zuwenden, die uns brauchen – und das sind mehr, als wir denken. Es geht, indem wir fragen, zuhören, durchaus auch einmal den Finger in eine Wunde legen, wenn andere sagen: Schwamm drüber. Und es geht, indem wir für die Vergessenen beten. Manchmal ist es erstaunlich, wer einem dabei alles in den Sinn kommt.

Und auch das wird unsere Aufgabe sein: Nicht zuzulassen, dass die wahren Leiden der Frauen, Männer und Kinder im Krieg und im Hunger einfach überspielt und zugedeckt werden von Luxusproblemen hier bei uns.

Tatsächlich, das Evangelium bringt Unruhe. Am Ende heißt es zu Recht: Geh und handle! Da steht nicht: Sitz und schweig still.

Segensgebet

Gott, Vater im Himmel,
du Schöpfer und Erhalter des Lebens.
Schenke mir Mut,
dass ich um das Leben kämpfe,
wo Not und Elend zu groß sind.
Gott, Jesus Christus,
du hast Kranke geheilt und Trost gespendet.
Öffne meine Sinne, dass ich erkenne,
wo Menschen mich brauchen.
Gott, Heiliger Geist,
du bist die Begeisterung
in den Herzen der Menschen,
die sich für das Reich der Liebe
und des Lebens einsetzen.
Segne mich und sei bei mir
alle Tage meines Lebens.
Amen.

4

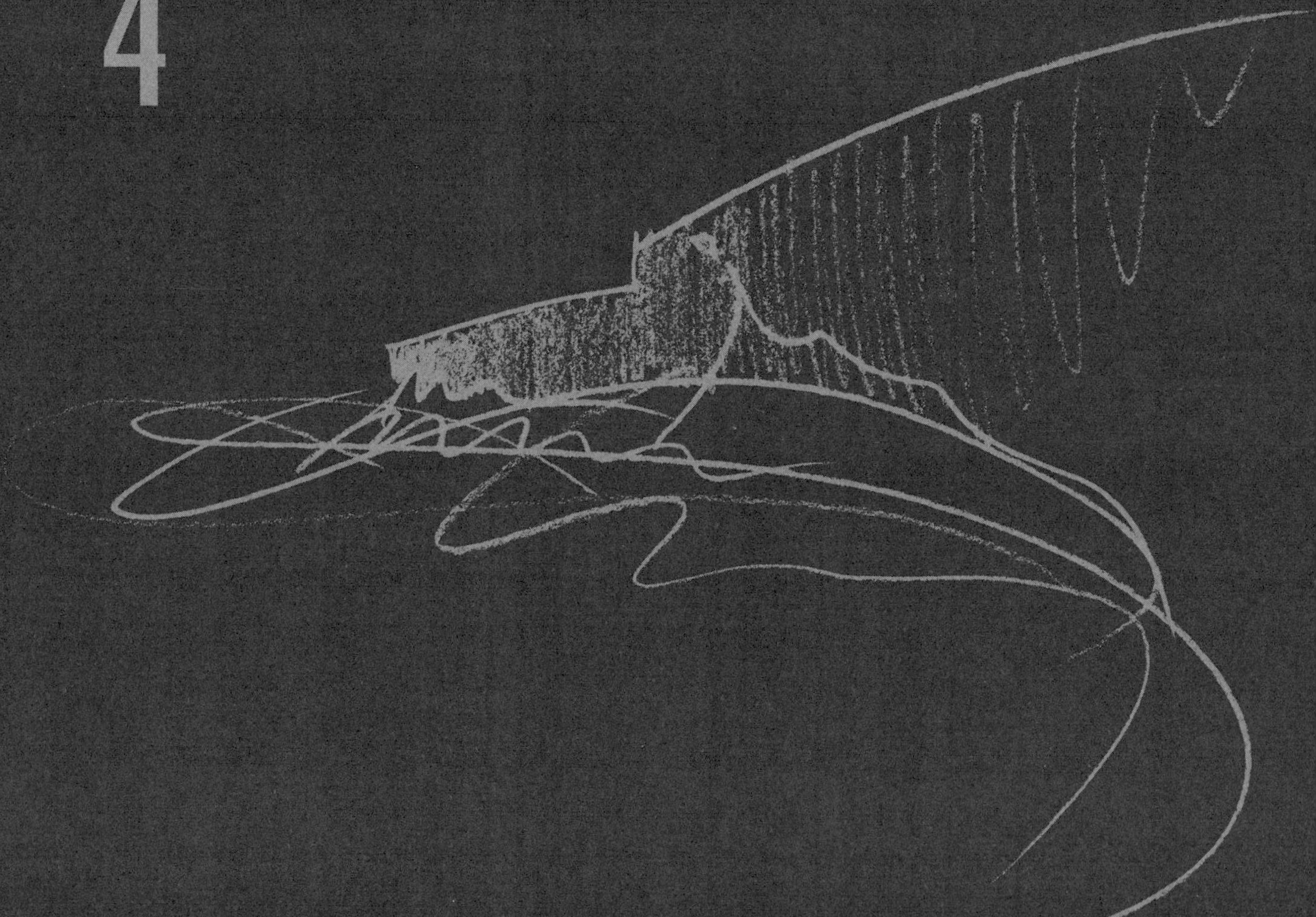

Verwandle meine Trauer in Freude

Gebet

Gott, großer Gott,
du bist Hoffnung und Zuflucht.
Ich komme aus meiner Trauer nicht heraus,
der Hals ist mir wie zugeschnürt
und Tränen steigen mir in die Augen,
wenn ich denke: Wie schön war alles,
wie glücklich war ich – doch jetzt?
Du bist Hoffnung und Zuflucht.
Hilf mir, mein Leben wieder in die Hand zu nehmen.
Gib mir deine Hand,
wenn ich die ersten Schritte wage
zurück in ein eigenes Leben,
zurück auf den Weg mit anderen Menschen,
zurück zu dir.
Wandle mich,
dass ich nicht zurückblicke, sondern nach vorn,
dass ich mich anderen nicht entziehe, sondern öffne,
dass ich auf dich hoffe.
Dir sei auch in dunklen Tagen der Lobpreis gesungen,
dir, dem Vater, dem Sohn und dem Heiligen Geist.
Amen.

Schriftlesung

Jesaja 42,1–9

Siehe, das ist mein Knecht – ich halte ihn – und mein Auserwählter, an dem meine Seele Wohlgefallen hat. Ich habe ihm meinen Geist gegeben; er wird das Recht unter die Heiden bringen. Er wird nicht schreien noch rufen, und seine Stimme wird man nicht hören auf den Gassen. Das geknickte Rohr wird er nicht zerbrechen, und den glimmenden Docht wird er nicht auslöschen. In Treue trägt er das Recht hinaus. Er selbst wird nicht verlöschen, bis er auf Erden das Recht aufrichtet; und die Inseln warten auf seine Weisung. So spricht Gott, der Herr, der die Himmel schafft und ausbreitet, der die Erde macht und ihr Gewächs, der dem Volk Odem gibt und den Geist denen, die auf ihr gehen: Ich der Herr, habe dich gerufen in Gerechtigkeit und halte dich bei der Hand und behüte dich und mache dich zum Bund für das Volk, zum Licht der Heiden, dass du die Augen der Blinden öffnen sollst und die Gefangenen aus dem Gefängnis führen und die da sitzen in der Finsternis, aus dem Kerker. Ich, der Herr, das ist mein Name, ich will meine Ehre keinem andern geben noch meinen Ruhm den Götzen. Siehe, was ich früher verkündigt habe, ist gekommen. So verkündige ich auch Neues; ehe denn es aufgeht, lasse ich's euch hören.

CD Nr. 17

J. B. Loillet

Triosonate F-Dur, Largo

Meditation nach Psalm 62

Auf Gottes Macht und Huld vertraue ich.

Meine Seele findet Ruhe bei Gott,
er ist es, von dem ich Hilfe bekomme.
Er ist wie ein Fels in der Brandung, wie eine Burg.
Darauf vertraue ich und habe keine Angst.

Doch die anderen:
Warum rennen sie alle in die gleiche Richtung,
stürmen wie gegen eine Mauer, die einstürzt,
ihre Feinde wollen sie von einer Anhöhe stürzen.
Lügen ist ihre Lust,
mit schönen Worten sprechen sie,
doch ihr Herz ist eine einzige Lüge.

Meine Seele findet allein Ruhe bei Gott,
er ist es, von dem ich Hilfe bekomme,
der mir Halt gibt.
Er ist mein Fels in der Brandung,
meine sichere Burg:
Ich bin stark und stehe fest.

Gott ist meine Heilung,
meine Hoffnung,
meine Sehnsucht.

Du Volk Gottes, vertraue immer darauf!
Vertraut euch ihm an und öffnet euch ihm!
Denn dieser Gott ist unsere Gegenwart
und unsere Zukunft.

Menschen sind wie ein Windhauch,
sie sind nur ein Bild,
eine vorübergehende Erscheinung.
Würde man sie auf eine Waagschale legen,
sie schnellten empor – so leicht sind sie.
Auch wenn sie reich und mächtig scheinen,
vor Gott sind sie wie ein Windhauch,
und alle gleich.
Gott hat die Macht, in die Herzen zu sehen,
zu erkennen, wie der Mensch ist.

Gott ist meine Heilung, meine Sehnsucht.

CD Nr. 10

D. Buxtehude
Choralvorspiel
«Ein feste Burg ist unser Gott»
BuxWV 184

Segensgebet

Gott, meine Hoffnung, meine Zukunft!
Dein guter Geist sei auf meinen Lippen,
wenn ich von dir spreche,
er sei in meinem Herzen,
wenn ich an dich denke,
und er sei in meinen Taten,
wenn ich in deinem Sinne handle.
So segne mich Gott, der Vater,
der Sohn und der Heilige Geist.
Amen.

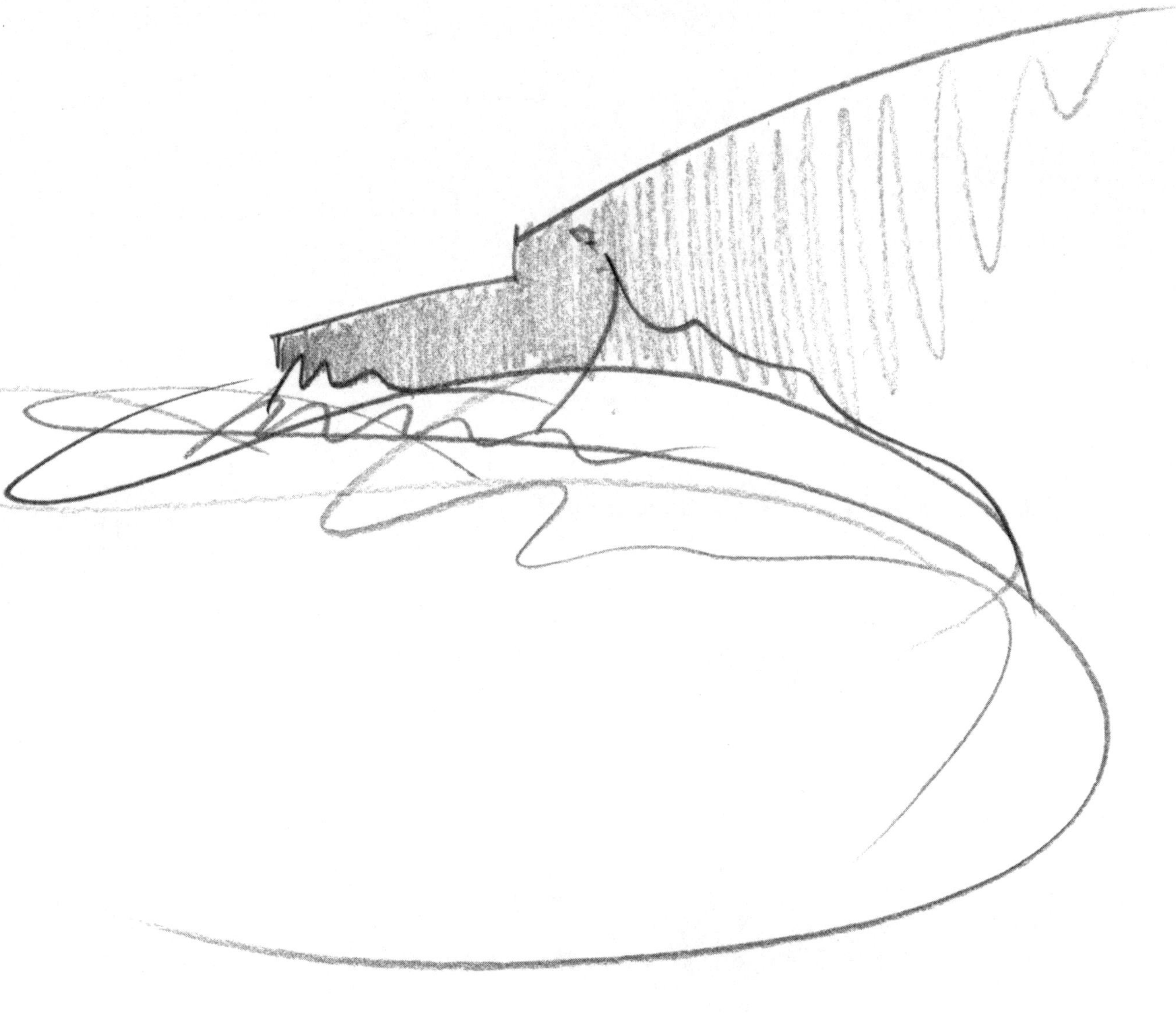

5

Meine Seele preist die Größe des Herrn

CD. Nr. 3

J. van Eyck
Variationen über
«De Lof-Zangh Marie»

Gebet

Gott, Vater im Himmel,
du behütest alle, die dich lieben,
und bist mit deinem Heiligen Geist bei allen,
die deinen Namen auf Erden kundtun.
Du bist auch jetzt bei mir,
da ich daran denke, wie du an Maria gehandelt
und was du Großes an ihr getan hast.
Mit ihrer Fürbitte
lass mich dein Lob weitertragen
von Generation zu Generation
und bewahre mich in deiner Liebe.
Darum bitte ich im Heiligen Geist
durch Jesus Christus, unsern Herrn.
Amen.

Schriftlesung

Lukas 1,39–56

Maria aber stand auf in diesen Tagen, machte sich bereitwillig auf den Weg ins Gebirge, nach einer Stadt in Juda. Sie trat in das Haus des Zacharias und bot Elisabet den Friedensgruß. Und es geschah: Als Elisabet den Gruß Marias hörte, hüpfte das Kind in ihrem Leib, und Elisabet wurde voll heiligen Geistes. Und sie rief mit gewaltigem Schrei und sprach: Du Gepriesene unter den Frauen! Gepriesen auch die Frucht deines Leibes! Und woher geschieht mir, dass die Mutter meines Herrn zu mir kommt? Denn da! Als laut ward dein Gruß in meinen Ohren, hüpfte jubelnd das Kind in meinem Leib. Ja, selig ist, die geglaubt hat, zur Vollendung komme das ihr vom Herrn Gesagte!
Und Maria sprach:
Groß rühmt mein Leben den Herrn,
und mein Geist jubelt ob Gott meinem Retter,
weil er die Niedrigkeit seiner Magd angeblickt.
Denn da! Von nun an
preisen alle Geschlechter mich selig,
weil Großes mir getan der Kraftvolle.
Und heilig ist sein Name.
Und sein Erbarmen: Geschlecht zu Geschlecht
über denen, die ihn fürchten.
Gewaltiges tut er mit seinem Arm,
zersprengt die im Herzen hochmütig Gesinnten.
Machthaber stürzt er von Thronen
und Niedrige erhöht er.
Hungernde füllt er mit Gutem
und Reiche sendet er leer weg.
Er nimmt sich Israels an, seines Knechtes,
des Erbarmens gedenkend,
so wie er unseren Vätern zugesprochen,
dem Abraham und seinem Gespross –
auf Weltzeit hin.
Und Maria blieb etwa drei Monde mit ihr zusammen. Dann kehrte sie nach Hause zurück.

Meditation

Wenn ich den Blick auf Maria richte

Wenn ich den Blick auf Maria richte,
dann wende ich mich nicht ab
von der Mitte des Glaubens.
Wenn sie der Mittelpunkt meiner Gedanken ist,
dann ist es eigentlich Jesus Christus,
dann ist es Gott.
An Maria, dem kleinen jüdischen Mädchen,
der starken Frau,
der erhobenen Himmelskönigin,
lässt sich die Größe des Schöpfers erahnen,
sein Heiliger Geist beschreiben,
die Menschenliebe Gottes erkennen.
Blicke ich auf sie,
so sehe ich, dass Er, der Herr der Schöpfung,
Großes an ihr getan hat.
Durch Maria hindurch
strahlt die Liebe Gottes zu uns Menschen.
Wenn ich auf sie schaue,
schaue ich auf Gott,
dessen Licht durch sie hindurchstrahlt.
Maria ist wie eine transparente Scheibe,
durch die hindurch ich Gottes Liebe leuchten sehe.
Wenn ich sie besinge,
wenn ich sie preise,
lobe ich Gott
und besinge seine Herrlichkeit.

Fürbitten

Du, Gott, siehst auf die Niedrigkeit der Menschen; voll Vertrauen in deine Größe bitte ich dich:

Bleib bei allen, die an der Last ihres Lebens schwer zu tragen haben und erfülle sie mit Hoffnung und dem Licht deiner Gegenwart.

Bewahre die Mächtigen und Einflussreichen in kirchlichen und staatlichen Strukturen vor Missbrauch ihrer Verantwortung.

Erhebe die Unterdrückten und Verschmähten, die um ihres Glaubens willen Verfolgung leiden, und schenke ihnen neue Kraft und neuen Mut.

Sende deinen Hoffnung bringenden Geist den Frauen und Mädchen, die ungewollt schwanger geworden sind.

Lass den Hungernden Menschen begegnen, die ihnen helfen, und lindere alle Not.

Begleite all jene Frauen mit deiner Stärke, denen Maria mit ihrer Zartheit und Kraft ein Vorbild ist für ihr eigenes Leben.

Führe die Verstorbenen, an die niemand mehr denkt, in deine Herrlichkeit.

Guter Vater, ich danke dir, dass du meine Bitten erhörst. Du allein bist die Hoffnung aller Menschen, die zu dir beten. Dir sei die Ehre in Ewigkeit. Amen.

CD Nr. 29

G. Ph. Telemann

Triosonate g-Moll, Vivace

Segensgebet

Gott der wunderbaren Taten,
segne mich, dass ich das Leben liebe
und den Weg der Hoffnung gehen kann.
Treuer Gott,
bleibe mein Ziel und meine Sehnsucht,
dass ich wie Maria
den Weg des Glauben gehe.
Segne mich,
du Gott, Vater, Sohn und Heiliger Geist.
Amen.

6

Seht einen neuen Himmel und eine neue Erde

CD Nr. 26

D. Buxtehude

Choralvorspiel

«Nun bitten wir den Heiligen Geist»

BuxWV 208

Gebet

Gott des Himmels und der Erde,
du machst alles neu,
du bist der Anfang und die Vollendung,
du bist meine Hoffnung und meine Sehnsucht.
Sieh mit den Augen der Gnade auf mein Leben,
sieh auf das, was mir gelungen ist,
auf das, was ich pflichtgemäß getan habe,
und sieh auf alles, was mir nicht geglückt ist.
Nimm es an und mach es neu,
ergänze du, was meinem Leben fehlt.
Dank sei dir durch deinen Sohn,
der mir vorausgegangen ist
in das neue Leben bei dir.
Amen.

Schriftlesung

Offenbarung 21,1–5a

Und ich sah einen neuen Himmel und eine neue
Erde. Denn der erste Himmel und die erste Erde
sind vergangen. Auch das Meer ist nicht mehr.
Und die heilige Stadt, ein neues Jerusalem, sah ich
niederfahren aus dem Himmel von Gott her: wie
eine Braut gerüstet, geschmückt für ihren Mann.
Und ich hörte eine gewaltige Stimme vom Thron
her sagen:
Da! Das Zelt Gottes bei den Menschen:
Ja, zelten wird er bei ihnen.
Und sie werden seine Völkergruppen sein.
Und er, Gott, wird bei ihnen sein – ihr Gott.
Und abwischen wird er jede Träne
von ihren Augen.
Und der Tod wird nicht mehr sein,
und Leid und Wehschrei und Not
werden nicht mehr sein.
Denn das Erste ist vergangen.
Und es sprach, der auf dem Thron sitzt:
Da! Neu mache ich alles.

CD Nr. 12

J. J. Quantz

Sonate C-Dur, Alla breve

Betrachtung

Alles von vorn

Wer wünschte sich das nicht: Noch einmal von vorn beginnen können, alles wird neu, alles wird besser ...? Ein neuer Himmel und eine neue Erde – eine Vision, die schöner nicht sein könnte. Keine Not, keine Trauer – alles wird gut. Zu schön, um wahr zu sein?! Keinesfalls. Zwar schön, aber kein unerreichbares Ziel!

Der Zauber, der jedem Neubeginn, jedem Anfang innewohnt, den können wir Menschen uns bewahren. „Erinnerung" heißt das Zauberwort. Nicht Nostalgie, das Schwelgen in der Vergangenheit, nicht eine Rückwärtsgewandtheit, die blind macht für die kleine Zukunft eines jeden Menschen. Erinnerung ist das Denken an den Anfang, ist die Kraft, die uns Sicherheit gibt, die für die Gestaltung der Zukunft Hoffnung vermittelt.

Junge Menschen verstehen oft nicht, wie wichtig die Erinnerung an vergangene Zeiten ist, wie viel Liebe in der Erinnerung gespeichert sein kann. Denn die sichtbaren, äußeren Bestandteile der Erinnerung sind selten wertvoll in einem materiellen Sinn: der alte Ehering, die vergilbten Fotos auf dem Nachttisch, das alte Kleidungsstück im Keller, das zwar schon lange nicht mehr passt, in dem aber ein Stück Hoffnung und Elan aus der Zeit gespeichert ist, als ich es noch tragen konnte, als ich darin eine gute Figur machte ...

Erinnerung kann Hoffnungsträger und Fessel zugleich sein. Wenn es nicht gelingt, sich von der Trauer zu lösen, Zeiten und Hoffnungen, auch Glück vergehen lassen zu können, dann ist Erinnerung wie eine Kette, die den Raum meiner Bewegungen einschränkt. Bleibt mir die Erinnerung aber wie ein Akku, der mich immer wieder auflädt, dann kann ich gelassen an den neuen Himmel und die neue Erde glauben.

Es ist zu schön, aber es ist wahr: Gott wird die Tränen abtrocknen, der Tod wird nicht mehr sein und das Erste ist vergangen. Deshalb denken wir zurück an die Zeit, in der Jesus als Mensch gelebt und uns diese wunderbare Verheißung geschenkt hat: Da, neu mache ich alles.

Segensgebet

Du Gott des Anfangs,
segne und behüte mich,
sei in allem, was ich neu beginne,
lass dein Angesicht über mir leuchten
und begleite mich mit deiner Gnade,
heute und bis in Ewigkeit.
Amen.

7

Gott aufnehmen wie einen Gast

CD Nr. 23

J. S. Bach

Choralvorspiel

«Es ist das Heil uns kommen her»

BWV 638

Gebet

Herr Jesus Christus,
zu dir rufe ich, du meine Hoffnung, du mein Trost.
Du bist es, der mit mir geht,
der mein Leben begleitet.
Dir nachzufolgen bemühe ich mich,
denn du bist der Weg zum Vater,
du bist das Leben.
Lass dein Wort mir wie eine Speise sein,
die mir Kraft gibt und mich stärkt.
Der Glaube an dich
und den guten Vater im Himmel
gebe mir Ausdauer,
der Heilige Geist sei meine Stärke,
durch Jesus Christus, meinen Herrn.
Amen.

Schriftlesung

Genesis 18,1–10

Der Herr erschien Abraham bei den Eichen von Mamre. Abraham saß zur Zeit der Mittagshitze am Zelteingang. Er blickte auf und sah vor sich drei Männer stehen. Als er sie sah, lief er ihnen vom Zelteingang aus entgegen, warf sich zur Erde nieder und sagte: Mein Herr, wenn ich dein Wohlwollen gefunden habe, geh doch an deinem Knecht nicht vorbei! Man wird etwas Wasser holen; dann könnt ihr euch die Füße waschen und euch unter dem Baum ausruhen. Ich will einen Bissen Brot holen und ihr könnt dann nach einer kleinen Stärkung weitergehen; denn deshalb seid ihr doch bei eurem Knecht vorbeigekommen. Sie erwiderten: Tu, wie du gesagt hast. Da lief Abraham eiligst ins Zelt zu Sara und rief: Schnell drei Sea feines Mehl! Rühr es an und backe Brotfladen! Er lief weiter zum Vieh, nahm ein zartes, prächtiges Kalb und übergab es dem Jungknecht, der es schnell zubereitete. Dann nahm Abraham Butter, Milch und das Kalb, das er hatte zubereiten lassen, und setzte es ihnen vor. Er wartete ihnen unter dem Baum auf, während sie aßen. Sie fragten ihn: Wo ist deine Frau Sara? Dort im Zelt, sagte er. Da sprach der Herr: In einem Jahr komme ich wieder zu dir, dann wird deine Frau Sara einen Sohn haben.

CD Nr. 24

A. Corelli

Sonate G-Dur, Andante

Schriftlesung

Lukas 10,38–42

Sie zogen zusammen weiter und er kam in ein Dorf. Eine Frau namens Marta nahm ihn freundlich auf. Sie hatte eine Schwester, die Maria hieß. Maria setzte sich dem Herrn zu Füßen und hörte seinen Worten zu. Marta aber war ganz davon in Anspruch genommen, für ihn zu sorgen. Sie kam zu ihm und sagte: Herr, kümmert es dich nicht, dass meine Schwester die ganze Arbeit mir allein überlässt? Sag ihr doch, sie soll mir helfen! Der Herr antwortete: Marta, Marta, du machst dir viele Sorgen und Mühen. Aber nur eines ist notwendig. Maria hat das Bessere gewählt, das soll ihr nicht genommen werden.

Betrachtung

Gott aufnehmen – wie einen Gast

Ich blättere gern in Gästebüchern. Dabei entdecke ich sowohl die Spuren der Gäste, die vor mir das Haus besucht haben, als auch der Gastgeber. Das Gästebuch offenbart, wie sie miteinander umgegangen sind. Ein guter Gastgeber zu sein und ein angenehmer Gast, das ist eine Kunst.

Die Heilige Schrift erzählt uns so manche Gästegeschichte. Sie liest sich über weite Strecken wie ein Gästebuch Gottes, oder wie ein Buch, das erzählt, wie Gott bei Menschen zu Gast ist. Manche der Gästegeschichten hätten wir selbst schreiben können. Andere lassen uns staunen, weil sie so fremd klingen.

Die Erzählung von Gott, der zu Gast bei Abraham ist, wurzelt in der Tradition der antiken orientalischen Gastfreundschaft. Das Mahl ist ein Zeichen herzlicher Gastlichkeit. Für die Nomaden war es üblich, den Wanderer aufzunehmen und ihn zu bewirten. Und wie unvermittelt stehen die drei Männer in Abrahams Wüstenzelt! Kein Gast käme heute so selbstbewusst daher. Tatsächlich redet Abraham die drei Männer als einen einzigen Gast an und scheint bald – zumindest vage - begriffen zu haben, was dieser Besuch für ihn bedeutet. Dementsprechend fällt die Bewirtung aus. Der Gast soll nicht nur satt werden, nein, für den Herrn wird ein Festmahl bereitet! Die Bedienung übernimmt der Stamm- und Hausvater selbst. In dieser Szene geschieht das Unfassliche: Gott verheißt dem alten Abraham und seiner betagten Frau Sara Nachkommen. Das bedeutet Leben, mit dem sie längst nicht mehr gerechnet hatten. Hier geschieht eine Gottesbegegnung, wie sie intensiver nicht zu denken ist. Gott zeigt sein Wesen. Er sucht die Nähe des Menschen. Er bestätigt seinen selbst geoffenbarten Namen: Ich bin da! Er ist da als Gast und als Geber zugleich. Abraham und Sara können das nicht fassen – sie können es nur staunend sehen.

Ganz ähnlich ergeht es Marta und Maria. Es beginnt mit einer klassische Gästeszene: Jesus wird als Freund der Familie aufgenommen, und es geht zu wie immer, wenn Besuch kommt: Es gibt die Sorge um den Gast und das Gespräch miteinander. Die Gastgeber sind unermüdlich tätig, und sie genießen auch die Muße, die mit dem Gast eingezogen ist. Beides hat sein Recht, und beides lässt Jesus gelten.

Aber was so harmlos als Geschichte unter Freunden erzählt wird, zeigt bei näherem Hinsehen Jesus als den Herrn und Lehrer seiner Jünger. Er ist Gast und er ist Lehrer, er lässt sich bedienen und er weist auf das hin, was das Leben wirklich reich machen kann. Am Ende sind auch hier die Gastgeber die Beschenkten. So ist Jesus, weil Gott so ist.

Bricht das ab? Ist die Gastgeschichte der beiden Schwestern von Betanien die letzte dieser Geschichten? Ich glaube, wir können weiterschreiben. Wir können uns eintragen in das Gästebuch Gottes, und Gott würde sich liebend gerne eintragen in unser eigenes Gästebuch. Die Gästegeschichten kommen an kein Ende. Wir selbst sind eingeladen, Gottes Gäste zu sein, und Gott will unsere Nähe und ist Gast bei uns. Am deutlichsten wird das in der sonntäglichen Feier der Eucharistie. Indem wir ihn gastlich aufnehmen, entdecken wir, dass er selbst unser Gastgeber ist. So zuvorkommend ist Gott. Womit stehe ich in seinem „Gästebuch", und wie hat er sich bei mir „eingetragen"?

CD Nr. 25

A. Corelli

Sonate G-Dur, Corrente, Gavotta

Segensgebet

Jesus, du Christus,
Sohn des lebendigen Gottes!
Als Maria sich dir zu Füßen setzte
und deinen Worten zuhörte,
hatte sie eine gute Wahl getroffen.
Zeige auch mir immer wieder,
dass nur das Eine notwendig ist,
und lass auch mich das Bessere wählen.
So bitte ich dich:
Herr, Jesus Christus, sei mit deinem Segen bei mir
und begleite mich alle Tage meines Lebens.
Dir sei die Ehre in Ewigkeit.
Amen.

8

Bleibt Gott uns immer eine Frage?

CD Nr. 5

J. S. Bach

Choralvorspiel

«Komm, Gott Schöpfer, Heiliger Geist»

BWV 631

Gebet

Unbegreiflicher Gott,
du größtes Geheimnis und du tiefste Sehnsucht!
Wir Menschen haben
in deinem Sohn Jesus Christus
eine Ahnung von dem erhalten,
was du denen bereitet hast, die dich lieben.
Schenke mir immer wieder neu
die Hoffnung auf das Leben bei dir,
und lass mich mit den Augen des Herzens
das Gute in der Welt suchen und sehen.
Dir sei die Ehre in Ewigkeit.
Amen.

Schriftlesung

Genesis 22,1–3

Nach diesen Ereignissen stellte Gott Abraham auf die Probe. Er sprach zu ihm: Abraham! Er antwortete: Hier bin ich. Gott sprach: Nimm deinen Sohn, deinen einzigen, den du liebst, Isaak, geh in das Land Morija und bring ihn dort auf einem der Berge, den ich dir nenne, als Brandopfer dar. Frühmorgens stand Abraham auf, sattelte seinen Esel, holte seine beiden Jungknechte und seinen Sohn Isaak, spaltete Holz zum Opfer und machte sich auf den Weg zu dem Ort, den ihm Gott genannt hatte.

Markus 9,2–10

Sechs Tage danach nahm Jesus Petrus, Jakobus und Johannes beiseite und führte sie auf einen hohen Berg, aber nur sie allein. Und er wurde vor ihren Augen verwandelt; seine Kleider wurden strahlend weiß (...) Da erschien vor ihren Augen Elija und mit ihm Mose, und sie redeten mit Jesus. Petrus sagte zu Jesus: Rabbi, es ist gut, dass wir hier sind. Wir wollen drei Hütten bauen, eine für dich, eine für Mose und eine für Elija. Er wusste nämlich nicht, was er sagen sollte; denn sie waren vor Furcht ganz benommen. Da kam eine Wolke und warf ihren Schatten auf sie, und aus der Wolke rief eine Stimme: Das ist mein geliebter Sohn; auf ihn sollt ihr hören. Als sie dann um sich blickten, sahen sie auf einmal niemand mehr bei sich außer Jesus.
Während sie den Berg hinabstiegen, verbot er ihnen, irgendjemand zu erzählen, was sie gesehen hatten, bis der Menschensohn von den Toten auferstanden sei. Dieses Wort beschäftigte sie und sie fragten einander, was das sei: von den Toten auferstehen.

Bleibt Gott uns immer eine Frage?

Ob wir jemals ganz vertraut werden mit Gott? Werden wir ihm je begegnen wie einem Menschen, der uns nahe steht, mit dem wir zusammengewachsen und eng verbunden sind? Kann Gott uns überhaupt so vertraut werden wie ein Mensch?
Eine Gegenfrage: Wie gut kennen wir andere Menschen eigentlich? Wie gut können wir sie überhaupt kennen lernen? Und: Sind uns nicht die, die wir durch und durch zu kennen, zu durchschauen glauben, im Grunde genommen ... langweilig? Wertvoll sind für uns doch gerade die Menschen, die immer für eine Überraschung gut sind, an denen wir immer neue Seiten entdecken können. Solche Menschen sind eine Herausforderung. Sie beleben den Umgang miteinander und wirken erfrischend in unserem Alltag.
Psychologen sagen: Niemals werden wir einen Menschen ganz erkannt haben und werden ihn von Grund auf verstehen können. Wir kennen uns ja selbst nur zum Teil. Auch an uns selbst gibt es einen Teil, den nur andere wahrnehmen und sehen können. Es gibt vieles, was uns und anderen gemeinsam zugänglich ist. Und schließlich bleibt immer ein Rest, der mir selbst und anderen dunkel bleiben wird. Ich werde weder mich noch die anderen jemals ganz erkennen, und vielleicht ist gerade das sogar ein Anlass für Respekt und ein Ausdruck von Würde. Ich muss das Eigene des anderen und auch mein Eigenes gelten lassen und respektieren. Ich muss die Eigenart des anderen und auch meine Eigenart und einen kleinen Rest von Fremdheit bei jedem Menschen – mich selbst eingeschlossen - akzeptieren.
Und wenn es uns mit anderen Menschen und sogar mit uns selbst so geht, ist es dann verwunderlich, dass auch Gott uns immer eine Frage bleibt? Ist es dann verwunderlich, dass selbst dann, wenn er sich zu erkennen gibt, er immer auch noch eine Frage wert ist?
Selbst denen, die ganz mit ihm vertraut sind, bleibt er zugleich auch fremd. Da ist zunächst

das Beispiel des Abraham. Er hat alles auf eine Karte gesetzt, nämlich auf Gott. Heimatland, Volk, vertraute Welt, alles hat er verlassen und ist ausgezogen, ohne zu wissen wohin. So sehr vertraut er Gott, dass er alles riskiert – selbst seinen Sohn, seine Zukunft, seine Hoffnung. Wie fragend wird er dagestanden haben, der glaubensstarke Abraham, wie hilflos wird er mit Gott und mit sich selbst gerungen haben, wie ohnmächtig wird er sich gefühlt haben, als Gott alles von ihm fordert! Wie kaum ein anderer Mensch muss er empfunden haben, dass dieser Gott sein Denken und sein Verstehen, seine ganze Vorstellungskraft um ein Vielfaches übersteigt. Und wie dankbar wird er schließlich Gottes neue Zusage angenommen, wie staunend wird er später auf das zurückgeblickt haben, was Gott an ihm gewirkt hat.

Die Jünger am Berg Tabor erleben Gott in menschlicher Nähe: in Jesus von Nazaret. Und dann erfahren sie plötzlich, wie er ihnen unerreichbar entrückt ist in eine ganz andere Welt, in einen ganz anderen Lebenszusammenhang. Es muss eine überwältigende Erfahrung gewesen sein, so verwirrend und erschreckend, dass den Jüngern, die Jesus sehen und hören, zugleich Hören und Sehen vergeht. Vielleicht brauchen sie den glanzvollen Augenblick, um später einmal die Dunkelheit von Karfreitag und Kreuz aushalten zu können. Am Ende jedenfalls, so erzählt es die Heilige Schrift, beschäftigt sie das Wort von den Toten, die auferstehen, und sie fragen und staunen und stolpern neben Jesus her.

Gottes Sohn ist ihnen und uns nah und fremd zugleich. Gottes Sohn ist in unserer Welt, und doch ist er ganz anders als wir und als alles, was wir kennen.

Ob der, der sich von uns ganz erfassen ließe, überhaupt noch Gott wäre? Wäre er nicht bloß unser eigener Gedanke, das Produkt unserer Phantasie? Ich glaube, wir brauchen das Staunen und wir brauchen die Fragen, sonst verlieren wir das Gespür für Gott.

CD Nr. 27

J. van Eyck

Variationen über

«Doen Daphne d'over schoone Maeght»

Segensgebet

Verhüllter Gott,
du unaussprechliche Hoffnung!
Dein Sohn ist das Wort,
das ich von deinen Lippen lese,
ist der Bote deines Reiches.
Dein Heiliger Geist komme auf mich herab
und bleibe bei mir in Ewigkeit.
Amen.

9

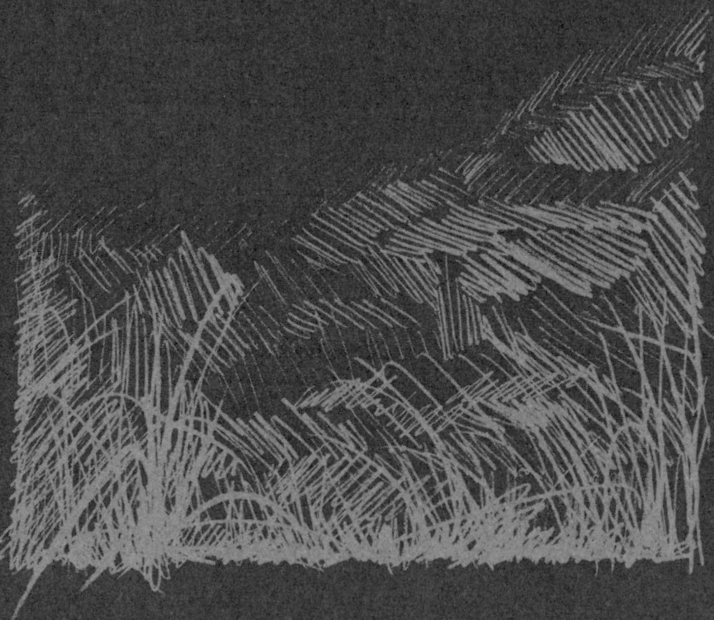

Wer nur den lieben Gott lässt walten

CD Nr. 33

J. S. Bach

Choralvorspiel

«Wer nur den lieben Gott lässt walten»

BWV 642

Gebet

Lieber Vater im Himmel,
du kennst mich
und du weißt um alle meine Sorgen und Ängste.
Dein Sohn Jesus hat uns Menschen gezeigt,
dass du bei uns bleibst
und dass das Menschen-Unmögliche
für dich nicht unmöglich ist:
Kranke werden gesund,
Verzweifelte fassen neue Hoffnung
und viele tausend Menschen werden satt
von ein paar Broten.
Schenke mir Zuversicht,
dass du das Größere an mir wirken wirst,
und lass mich gelassen auf dich vertrauen.
So bitte ich durch deinen Sohn, Jesus Christus,
den Heiland und Fürsprecher,
der mit dir und dem Heiligen Geist
lebt und für mich da ist in alle Ewigkeit.
Amen.

Schriftlesung

Matthäus 14,13-21

Als Jesus all das hörte, fuhr er mit dem Boot in eine einsame Gegend, um allein zu sein. Aber die Leute in den Städten hörten davon und gingen ihm zu Fuß nach. Als er ausstieg und die vielen Menschen sah, hatte er Mitleid mit ihnen und heilte die Kranken, die bei ihnen waren.
Als es Abend wurde, kamen die Jünger zu ihm und sagten: Der Ort ist abgelegen und es ist schon spät geworden. Schick doch die Menschen weg, damit sie in die Dörfer gehen und sich etwas zu essen kaufen können. Jesus antwortete: Sie brauchen nicht wegzugehen. Gebt ihr ihnen zu essen! Sie sagten zu ihm: Wir haben nur fünf Brote und zwei Fische bei uns. Darauf antwortete er: Bringt sie her! Dann ordnete er an, die Leute sollten sich ins Gras setzen. Und er nahm die fünf Brote und die zwei Fische, blickte zum Himmel auf, sprach den Lobpreis, brach die Brote und gab sie den Jüngern; die Jünger aber gaben sie den Leuten, und alle aßen und wurden satt. Als die Jünger die übrig gebliebenen Brotstücke einsammelten, wurden zwölf Körbe voll. Es waren etwa fünftausend Männer, die an dem Mahl teilnahmen, dazu noch Frauen und Kinder.

Betrachtung

Das Größere wird Gott wirken

Wenn dein Sohn dich fragt ... was sagst du ihm von Gott, vom Sinn und vom Wert des Lebens? Was ist das Brot, das du selbst erhalten hast: von den Eltern, den Geschwistern, aus der Hand der Freunde? Wenn dein Sohn dich fragt ...
Aber sie – die Söhne und Töchter und deren Freundinnen und Freunde - sie fragen doch gar nicht, werden viele denken. Sie fragen nicht mehr. Sie sind doch längst „Selbstversorger" geworden. Haben sie nicht alles? Und tun sie nicht gut daran, nur mit sich selbst und ihrer Kraft zu rechnen? Mit „Selbstversorgern" zu sprechen ist schwer, und mit Machern über Gott ins Gespräch zu kommen ist fast unmöglich. Aber wenn sie doch fragen, die Jugendlichen, die Kranken, die Enttäuschten, die, die etwas erwarten: Was ist denn dann? Sind wir dann sprachlos? Stehen wir da mit leeren Händen? Eines jedenfalls darf auf keinen Fall passieren. Wir dürfen keine vorschnellen Antworten geben, etwa: Gott wird alles fügen, er wird alles richten, mit Gottes Hilfe wird alles schon wieder gut werden. Und wir dürfen keine einfache Anleitung geben, Antworten nach Art einer Gebrauchsanweisung zum Glücklichsein. Das Stöhnen der Gefangenen, das Schreien der Exilierten, die Not der Hungernden, die Ohnmacht der Unterdrückten vertragen das nicht.
Die Heilige Schrift selbst kann uns die Hände füllen und die Sprache wiedergeben. Sie ist voller Lebenszeichen und voller Verheißungen. Sie hat viele Antworten auf die Frage nach dem Brot, von dem wir leben können - Antworten, die auf den ersten Blick so unscheinbar sind wie ein Senfkorn, bevor es im wahrsten Sinne des Wortes ins Kraut schießt. Antworten, die so sind wie eine Hand voll Sauerteig, der einen ganzen Trog voll Teig durchsäuert, oder wie ein Samenkorn, das hundertfach Frucht bringt, wenn es auf gutes Erdreich fällt.
Aber das Zeichen schlechthin und die Antwort überhaupt ist Jesus von Nazaret selbst. Er verkörpert die Botschaft vom Gottesreich, von Gottes Gerechtigkeit und von seinem Frieden. Er heilt

die Kranken und zeigt, dass Gottes Welt eine heile Welt sein wird, wenn sein Reich kommt. Er gibt denen, die mit ihm gehen, in Hülle und Fülle zu essen.
Die Heilszeichen und Lebenszeichen, die Verheißungen der Bibel sind zugleich eine Herausforderung für die Jünger Jesu, damals und heute. Sie fordern, wach zu sein für die Situationen des Lebens. Sie fordern das Eingeständnis und die Einsicht in die eigenen Grenzen: Nur fünf Brote und bloß zwei Fische haben wir! Und sie laden ein, bereit zu sein, sich die Hände und Herzen füllen zu lassen: Teilt aus, gebt ihr ihnen! Und dann geschieht das Wunder. Am Ende erzählt das Evangelium vom Überfluss der Erfüllung.
Dies ist keine Alltagsgeschichte, aber es ist eine Geschichte für alle Tage. In aller Not könnte uns dieser Horizont aufleuchten, ganz Neues unvermutet aufbrechen. Bei aller Last könnte es gelingen, am Ende des Tunnels das Licht zu sehen, das durch den Alltag so leicht verdunkelt wird.
In allem Mangel des Alltags könnten wir zumindest in der Lage sein, die Fülle zu ahnen, mit der Gott auf unsere Mängel antwortet.
Der biblische Text enthält die Aufforderung, das winzige Senfkorn zu säen, den bescheidenen Samen auszustreuen und die Hand voll Sauerteig unter das Ganze zu mengen. Das Größere, das, was wir niemals schaffen werden, wird Gott wirken. Dass das Kleine gewagt wird, das allerdings ist unser Part. Und den dürfen wir leisten in der Zuversicht, dass Gott - mit überraschender Großzügigkeit - das Ganze sichern wird.
Was also, wenn die Frage kommt, wenn dein Sohn dich fragt nach Gott, nach dem Sinn und nach dem Wert des Lebens?
Vielleicht können wir antworten, dass wir im Brot das Zeichen sehen für die Hoffnung, dass einer da ist, der die Erfüllung bringt. Vielleicht können wir sagen, dass wir im Brot den Anlass finden zu glauben, dass der erste kleine Schritt nicht umsonst sein wird.

CD Nr. 16

J. B. Loillet

Triosonate F-Dur, Allegro

Segensgebet

Wunderbarer Gott,
dein Sohn Jesus Christus hat von dir
und deinem Reich erzählt.
Festige meinen Glauben
an deine Menschenfreundlichkeit und Güte.
Begleite mich mit deinem Segen durch die Zeit,
der du lebst bis in alle Ewigkeit.
Amen.

10

Selig seid ihr

Gebet

Gütiger Gott,
du bist wie ein liebevoller Vater
und eine gute Mutter,
immer hältst du mich in deinen Armen.
Auch wenn ich es manches Mal nicht spüre,
wenn ich traurig und verzweifelt bin,
wenn ich Angst habe:
Du bist da.
Dafür danke ich dir,
für die Hoffnung
und die Zuversicht, die du meinem Leben gibst.
Dir sei der Lobpreis und die Ehre,
jetzt und in Ewigkeit.
Amen.

CD Nr. 31

G. Ph. Telemann

Triosonate g-Moll, Allegro

Schriftlesung

Matthäus 5,1-9

Als Jesus die vielen Menschen sah, stieg er auf einen Berg. Er setzte sich, und seine Jünger traten zu ihm. Dann begann er zu reden und lehrte sie.
Er sagte:
Selig, die arm sind vor Gott;
denn ihnen gehört das Himmelreich.
Selig die Trauernden;
denn sie werden getröstet werden.
Selig, die keine Gewalt anwenden;
denn sie werden das Land erben.
Selig, die hungern und dürsten
nach der Gerechtigkeit;
denn sie werden satt werden.
Selig die Barmherzigen;
denn sie werden Erbarmen finden.
Selig, die ein reines Herz haben;
denn sie werden Gott schauen.
Selig, die Frieden stiften;
denn sie werden Söhne Gottes genannt werden.

Fortschreibung

Selig!
Selig sind die Ärmsten der Armen,
denn ihrer ist das Himmelreich!
Selig sind sie,
die Herabgewürdigten und Unangesehenen,
selig sind die religiös und sozial Deklassierten,
denn Gott wirkt auch durch sie,
er durchbricht den Kreislauf der Gewalt.

Selig sind, die unter dem Leid zusammenbrechen,
selig sind sie, denn Gott, der Schöpfer,
gibt ihnen eine neue Chance,
er selbst macht ihnen Hoffnung.

Selig, die auf Gewalt verzichten,
denn sie zeigen die Güte Gottes
den Menschen auf der Erde,
durch ihr Zutrauen wird unsere Welt
zur Heimat der Menschen.

Selig sind, die hungern und dürsten
nach Gerechtigkeit,
denn es kommen Zeiten, in denen sie
die anderen satt machen werden.

Selig, deren Barmherzigkeit nicht Methode ist,
deren Sanftmut nicht zur Erpressung wird;
selig sind sie, denn sie machen die Liebe
und Menschenfreundlichkeit
den Menschen kund.

Selig die, die Gott nicht sehen,
nicht begreifen und doch glauben.
Selig sind sie, denn ihr Vertrauen
ist die Basis, auf der Menschen leben können.
Sie sind das Zeichen der Hoffnung,
das anderen Halt und Hoffnung gibt.

Selig, die im Geiste arm sind,
denn ihre Armut ist der Reichtum in ihrem Herzen,
ist die Aufforderung
sich auf das Wesentliche zu konzentrieren,
zu Urformen zurückzukommen,
zu lieben.

Selig, die Leid tragen müssen,
die unter dem Vorwurf der Schwäche leiden,
deren Leben nichts zählt,
deren Zukunft es nicht gibt.
Sie werden verraten und verkauft,
werden verachtet und verlacht.
Ihnen gehört der Himmel,
denn sie sind es, die am Rande der Existenz
Gott nahe sind.

Selig sind die Milden und Sanften,
sie brauchen Hilfe und hoffen auf Stärke,
sie nehmen vieles wahr, was andere nicht sehen,
sie sind das Barometer, das anderen Grenzen setzt,
sie sind das schwächste Glied in der Kette,
das Fesseln löst,
das Freiheit schafft.

Selig sind, die ein reines Herz haben,
nicht die Herren mit der weißen Weste.
Selig sind die Reinen,
die verlacht werden,
weil sie keine Erfahrung haben.
Selig sind sie, weil sie ihr Herz frei halten,
denn in ihrem Leben kann Gott wohnen.

Selig, die Frieden wollen, die Frieden schaffen.
Sie sind Zeichen der Ewigkeit,
Zeichen für das, was kommen wird.
Selig sind die, die ihrem Gewissen folgen
und auf die Hoffnung setzen.

Selig seid ihr, wenn ihr die Gebote des Herrn hört!

Segensgebet

Gott des Lebens,
dein Sohn hat mein Sein verändert,
gewandelt in hoffnungsvolles Leben.
Sei mit deinem Geist bei mir
und begleite mich durch den Tag.
Segne mich, du Gott meiner Zukunft:
Gott sorgender Vater,
Gott Erlöser, Jesus Christus,
Gott Heiliger Geist.
Amen.

II

Ich möchte Jesus sehen

CD Nr. 2

J. S. Bach

Choralvorspiel

«Wenn wir in höchsten Nöten sein»

BWV 641

Gebet

Großer Gott,
dein Name sei verherrlicht,
deine Liebe allen Menschen kundgemacht.
Stärke mich in der Nachfolge deines Sohnes,
der uns Menschen immer wieder von dir
und deiner unerschütterlichen Liebe zu uns erzählt.
Sein Wort soll die Quelle sein,
die mich tränkt auf dem Weg zu dir,
der du lebst und für mich da bist in Ewigkeit.
Amen.

Schriftlesung

Johannes 12,20–33

Auch einige Griechen waren anwesend – sie gehörten zu den Pilgern, die beim Fest Gott anbeten wollten. Sie traten an Philippus heran, der aus Betsaida in Galiläa stammte, und sagten zu ihm: Herr, wir möchten Jesus sehen. Philippus ging und sagte es Andreas; Andreas und Philippus gingen und sagten es Jesus. Jesus aber antwortete ihnen: Die Stunde ist gekommen, dass der Menschensohn verherrlicht wird. Amen, amen, ich sage euch: Wenn das Weizenkorn nicht in die Erde fällt und stirbt, bleibt es allein; wenn es aber stirbt, bringt es reiche Frucht. Wer an seinem Leben hängt, verliert es; wer aber sein Leben in dieser Welt gering achtet, wird es bewahren bis ins ewige Leben. Wenn einer mir dienen will, folge er mir nach; und wo ich bin, dort wird auch mein Diener sein. Wenn einer mir dient, wird mein Vater ihn ehren.

Jetzt ist meine Seele erschüttert. Was soll ich sagen: Vater, rette mich aus dieser Stunde? Aber deshalb bin ich in diese Stunde gekommen. Vater, verherrliche deinen Namen! Da kam eine Stimme vom Himmel: Ich habe ihn schon verherrlicht und werde ihn wieder verherrlichen. Die Menge, die dabeistand und das hörte, sagte: Es hat gedonnert. Andere sagten: Ein Engel hat zu ihm geredet. Jesus antwortete und sagte: Nicht mir galt diese Stimme, sondern euch. Jetzt wird Gericht gehalten über diese Welt; jetzt wird der Herrscher dieser Welt hinausgeworfen werden. Und ich, wenn ich über die Erde erhöht bin, werde alle zu mir ziehen. Das sagte er, um anzudeuten, auf welche Weise er sterben werde.

Betrachtung

Ich möchte Jesus sehen

„Herr, wir möchten Jesus sehen!" Das könnte auch unser Wunsch sein: ihn sehen mit eigenen Augen, ihn besuchen und ihn kennen lernen, ihm begegnen und ihn ganz unmittelbar erleben. Klar erkennen, wer er ist und was er für mich ist ... Aber geht das? Nach 2000 Jahren und nach allem, was schon über ihn gesagt und geschrieben und gedacht worden ist? Kann ich einen Menschen, kann ich Jesus von Nazaret sehen, dessen Lebenszeit 2000 Jahre zurückliegt, dessen Geschichte überlagert ist von so vielen Bekenntnissen und unterschiedlichen Deutungen? Kann ich den noch erkennen, den so viele Menschen sich auf so unterschiedliche Weise zu eigen gemacht haben? Wichtig ist zumindest der Versuch. Wenn wir nicht mehr versuchen, Jesus zu sehen, dann bleiben wir schließlich stecken in unseren Bildern von ihm. Dann ist er für uns ein guter Mensch oder ein starker Prediger, ein Wunderheiler oder ein machtvoller Gesellschaftskritiker, aber jenseits dieser Bilder bleiben wir auf Distanz zu ihm. Wir kommen über unser eigenes Bild, über ein Bild aus früheren Zeiten oder einen bloßen Satz des Glaubensbekenntnisses nicht hinaus.
Um Jesus zu sehen, hilft das Johannesevangelium. Schließlich schreibt Johannes für spätere Christen, und schließlich gibt er Eckdaten für Suchende und für Glaubende an. Er tut dies, indem er seine Bilder und offenen Fragen vorstellt. Dieser Johannes will helfen, den Ursprung zu finden.
Zunächst einmal lädt er ein: Lass dich heranführen von denen, die Jesus von Nazaret gefunden haben! Im Evangelium sind es Philippus und Andreas, die menschlich den Weg zu Jesus bahnen. Und so menschlich geht der Weg zu ihm oft: über Bekannte, die mit ihm vertraut geworden sind, über Menschen, die mit ihm zu leben versuchen. Die Einladung des Johannes lautet: Vertrau dich ihnen an und geh zunächst einmal ganz einfach mit.
Und dann heißt es: Bleib nicht stehen beim ersten Eindruck! Dieser Jesus von Nazaret stellt sich vor

mit Begriffen, mit Bildern und Sätzen, die gar nicht einfach zu fassen sind. Er spricht vom Menschensohn in seiner Stunde, er spricht vom Sohn des Vaters im Himmel, er spricht von dem, der verherrlicht ist im Tod und in dem das Gericht kommt. So wie Jesus über sich selbst spricht, sprengt er alle uns bekannten Bilder und Vorstellungen und zeigt, dass er in keinen Rahmen passt. Er lockt uns in die Auseinandersetzung mit ihm, und er lädt gerade dadurch ein zu einer Beziehung, die unglaublich dynamisch ist und immer neu sein wird.

So heißt der dritte Schritt der Begegnung mit ihm: Lass dir die vielen Bilder zeigen und halte die vielen Ansichten von ihm nebeneinander. Vergleiche die Worte der Schrift: das Bild vom Weizenkorn, das stirbt und Leben bringt, und das Bild vom Menschensohn, der stirbt und am Kreuz erhöht wird. Stelle das Bild vom erschütterten Jesus neben das Bild vom erhöhten Christus, der den Tod besiegt hat.

Kein Wunder, wenn das, was Johannes über Jesus sagt, kaum zu fassen ist. Die vielen Facetten, die nebeneinander stehen, die verschiedenen Aspekte, die sich ergänzen und überlagern – am Ende ist alles ein Hinweis darauf, dass diesen Jesus von Nazaret niemand jemals ganz erfassen wird. Er ist immer mehr als wir verstehen, und er bleibt eine Herausforderung für unser Sehen und Denken. So lädt das Johannesevangelium im vierten Schritt ein: Folge ihm nach und geh mit, lass dich auf den Weg mit ihm ein und frage nach den Konsequenzen dieses Weges für dich! Bleibe Spurensucher und beginne unter denen, die glauben und suchen. Diese Begegnung lässt sich ein auf eine Fährtenlese quer durch die Geschichte, durch die Jahrhunderte und durch die Tradition unseres Glaubens. Ganz allmählich werden wir dann seine Schritte finden, werden wir in der Schrift über ihn lesen und werden wir aus dem, was geschrieben ist, sein Wort heraushören, wenn wir aufbrechen und uns zu ihm kehren.

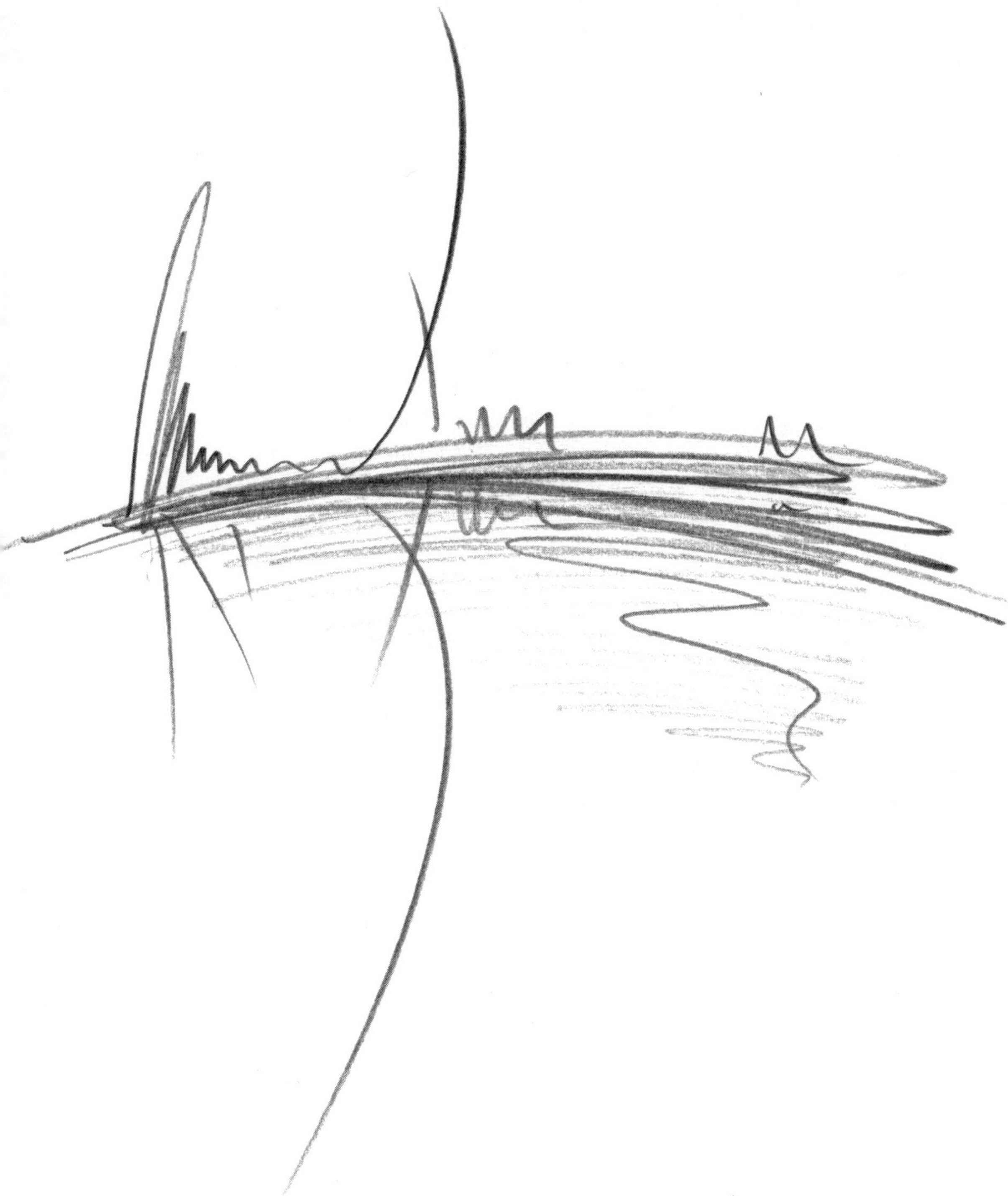

CD Nr. 21

G. Sammartini

Sonate F-Dur, Allegro

Segensgebet

Gott des Himmels und der Erde,
gib mir den Mut,
in geschwisterlicher Liebe
am Aufbau des Reiches Gottes mitzuarbeiten
und an deinen neuen Himmel
und deine neue Erde zu glauben.
Begleite mich mit deinem Segen
und behüte mich, du Gott meiner Zukunft.
Amen.

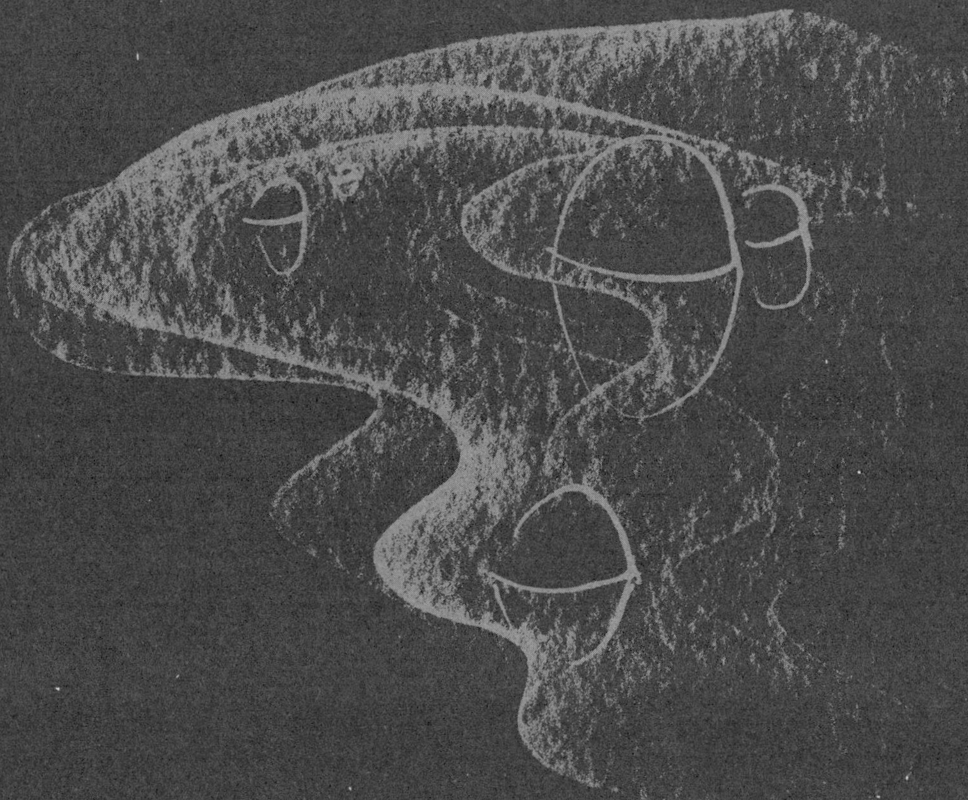

12

Was er euch sagt, das tut

CD Nr. 13

J. J. Quantz

Sonate C-Dur, Larghetto

Gebet

Großer Herr, allmächtiger Gott,
du hast Maria, die Jungfrau,
zur Mutter deines Sohnes erwählt.
Schenke mir auf ihre Fürbitte
Gesundheit an Leib und Seele.
Begleite mich durch die Traurigkeiten dieser Zeit
zur Freude in deiner Ewigkeit,
durch Jesus Christus, deinen Sohn,
der mit dir und dem Heiligen Geist
lebt in Herrlichkeit.
Amen.

Schriftlesung

Johannes 2,1–11

Und am dritten Tage ward eine Hochzeit zu Kana in Galiläa; und die Mutter Jesu war da. Jesus aber und seine Jünger wurden auch auf die Hochzeit geladen. Und da es an Wein gebrach, spricht die Mutter Jesu zu ihm: Sie haben nicht Wein. Jesus spricht zu ihr: Weib, was habe ich mit dir zu schaffen? Meine Stunde ist noch nicht gekommen. Seine Mutter spricht zu den Dienern: Was er euch sagt, das tut. Es waren aber allda sechs steinerne Wasserkrüge gesetzt nach der Weise der jüdischen Reinigung, und ging in je einen zwei oder drei Maß. Jesus spricht zu ihnen: Füllet die Wasserkrüge mit Wasser! Und sie füllten sie bis obenan. Und er spricht zu ihnen: Schöpfet nun und bringt's dem Speisemeister! Und sie brachten's. Als aber der Speisemeister kostete den Wein, der Wasser gewesen war, und wusste nicht, woher er kam (die Diener aber wussten's, die das Wasser geschöpft hatten), ruft der Speisemeister den Bräutigam und spricht zu ihm: Jedermann gibt zuerst den guten Wein, und wenn sie trunken worden sind, alsdann den geringeren; du hast den guten Wein bisher behalten.

Das ist das erste Zeichen, das Jesus tat, geschehen zu Kana in Galiläa, und offenbarte seine Herrlichkeit. Und seine Jünger glaubten an ihn.

Meditation

Was er euch sagt, das tut

Bei der Hochzeit zu Kana
ging den Brautleuten der Wein aus.
Maria sprach zu Jesus:
Herr, sie haben keinen Wein mehr.
Und zu den Dienern sagte sie:
Was er euch sagt, das tut.
Diese Worte Marias
stehen in einem besonderen Zusammenhang
und haben hier einen ganz bestimmten Sinn.
Wenn man sie aber aus dem Zusammenhang löst,
dann kann man sie als Weisung verstehen:
in jeder Situation,
in jeder Gefahr,
in jeder Lebenslage -
was er euch sagt, das tut.
Tun wir, was Jesus sagt?
Wenn wir handeln, wie er es uns sagt,
dann erfüllen wir das große Gebot der Liebe.
Denn wer Jesus liebt,
der wird sein Wort halten.

Das Wort aber,
das Christus zu uns spricht
und das wir hören,
ist das Wort seines und unseres Vaters.
Die Gottes- und Menschenliebe
ist uns aufgegeben
nicht als eine von vielen Weisungen,
nicht als eines von vielen Geboten,
sondern als das zentrale Gebot.
Es schließt alle anderen ein.
Es soll nicht unser Gefühl ansprechen,
sondern unseren Willen und unseren Verstand.
Was er euch sagt, das tut.
Was Maria hier ausspricht,
veranschaulicht ihr Leben.
Sie handelt so,
wie es dem Willen Gottes entspricht.

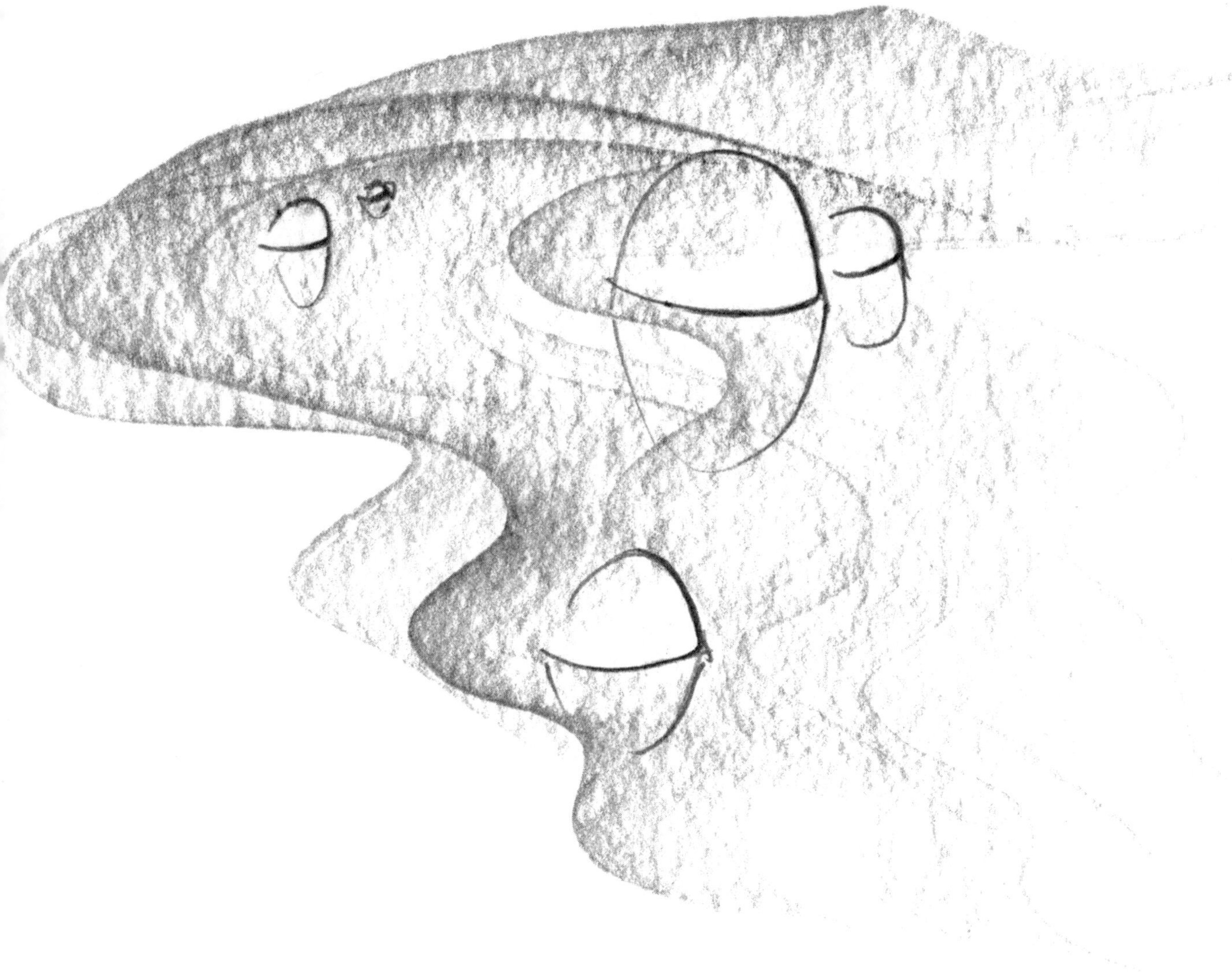

CD Nr. 14

J. J. Quantz

Sonate C-Dur, Vivace

Segensgebet

Gott, unser Vater, Schöpfer alles Guten,
gib mir Kraft, deinem Ruf zu folgen
und schenke mir Treue in deinem Dienst.
Begleite mein Leben und Arbeiten
mit deinem Geist,
damit ich von deiner Liebe Zeugnis gebe.
Christus, auf den ich meine Zukunft baue
und alle Hoffnung setze,
sei die Erfüllung am Ende meiner Tage.
So segne und behüte mich der allmächtige Gott,
der Vater und der Sohn und der Heilige Geist.
Amen.

13

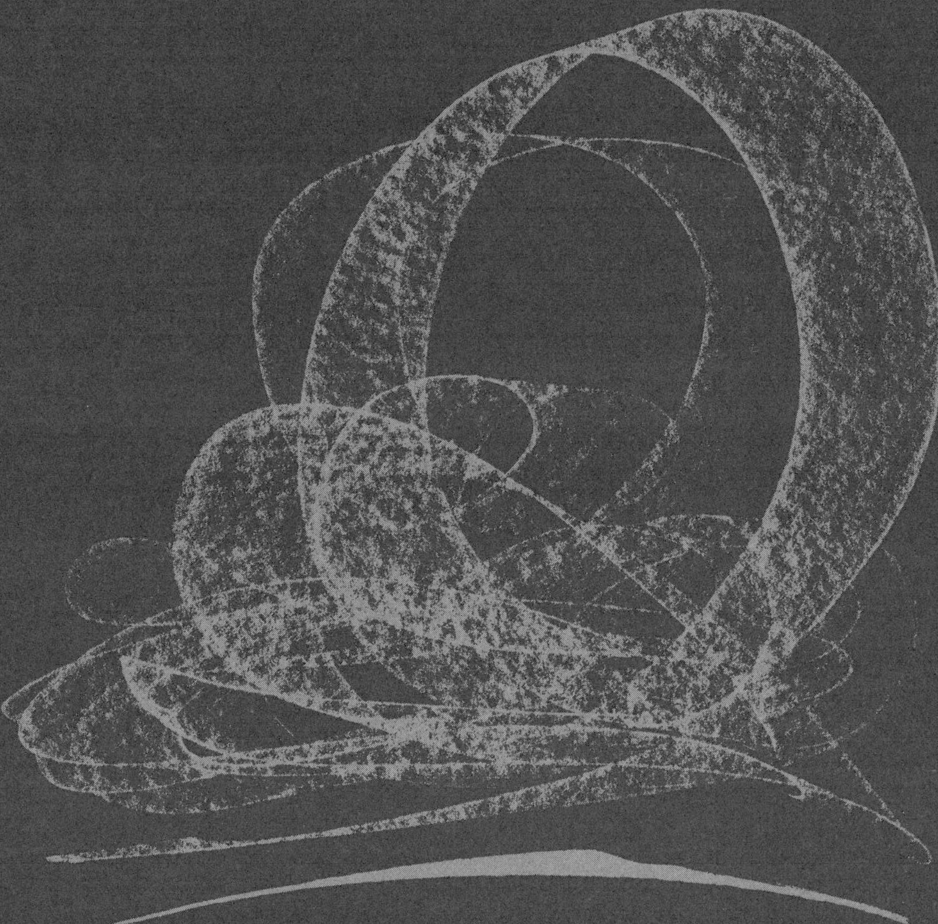

Selig, die nicht sehen und doch glauben

CD Nr. 4

J. S. Bach

Choralvorspiel

«In dich hab ich gehoffet, Herr»

BWV 640

Gebet

Gott, unbegreiflicher Gott,
du bist der Atem, wenn ich zu dir bete,
du bist im Wort, das von dir erzählt.
Schenk mir das Vertrauen,
dass du alles gut machst,
dass du da bist, wo ich dich nicht spüre,
dass du die Angst wegnimmst, wo ich verzweifle,
dass ich an dich glauben kann,
wo ich dich nicht sehe.
Dein Sohn Jesus ist das Zeichen deiner Liebe,
durch ihn bitte ich dich im Heiligen Geist.
Dir sei die Ehre in Ewigkeit.
Amen.

Schriftlesung

Lukas 1,26–38

Und im sechsten Monat wurde der Engel Gabriel von Gott gesandt in eine Stadt in Galiläa, die heißt Nazaret, zu einer Jungfrau, die vertraut war einem Mann namens Josef vom Haus David; und die Jungfrau hieß Maria. Und der Engel kam zu ihr hinein und sprach: Sei gegrüßt, du Begnadete! Der Herr ist mit dir! Sie aber erschrak über die Rede und dachte: Welch ein Gruß ist das? Und der Engel sprach zu ihr: Fürchte dich nicht, Maria, du hast Gnade bei Gott gefunden. Siehe, du wirst schwanger werden und einen Sohn gebären, und du sollst ihm den Namen Jesus geben. Der wird groß sein und Sohn des Höchsten genannt werden; und Gott der Herr wird ihm den Thron seines Vaters David geben, und er wird König sein über das Haus Jakob in Ewigkeit, und sein Reich wird kein Ende haben. Da sprach Maria zu dem Engel: Wie soll das zugehen, da ich doch von keinem Mann weiß? Der Engel antwortete und sprach zu ihr: Der heilige Geist wird über dich kommen, und die Kraft des Höchsten wird dich überschatten; darum wird auch das Heilige, das geboren wird, Gottes Sohn genannt werden. Und siehe, Elisabet, deine Verwandte, ist auch schwanger mit einem Sohn, in ihrem Alter, und ist jetzt im sechsten Monat, von der man sagt, dass sie unfruchtbar sei. Denn bei Gott ist kein Ding unmöglich. Maria sprach: Siehe, ich bin des Herren Magd; mir geschehe, wie du gesagt hast. Und der Engel schied von ihr.

Meditation

Auf Jesus setzen

Erfahrungen sind es,
aus denen und mit denen wir leben,
fremde Erfahrungen
und eigene Erfahrungen.
Ohne diesen Rahmen,
ohne diese Hilfe
ist menschliches Leben nicht möglich.
Gott verlangt von uns,
in die Zukunft hinein zu leben,
im Glauben an seine Verheißung,
in der Hoffnung auf seine Liebe:
dass wir etwas wagen,
dass wir mutig sind.
Maria hat in ihrem Leben
alles auf Jesus gesetzt,
alles auf eine Karte.
Sie ist das beste Beispiel für ein Wagnis,
für die gläubige Bereitschaft,
auf das Wort des Herrn zu hören,
sich darauf zu verlassen.
Weder aus der Vernunft
noch aus der Erfahrung
konnte sie eine Hilfe erwarten,
die ihr das Unerklärliche erklärte.
Sie musste ganz aus dem Vertrauen handeln.
Ihr Glaube wurde nicht von vielen mitgetragen.
Unser Glaube hat die Gemeinschaft.
Wir werden gestützt durch die Menschen,
mit denen wir glauben, beten und leben.
Maria war einsam in ihrem Glauben.
Deshalb wird sie mit Recht
wegen ihres Glaubens
von Elisabet selig gepriesen.
Jesus hat allen das „Selig" versprochen,
die das Wagnis des Glaubens eingehen:
Selig sind, die nicht sehen und doch glauben.

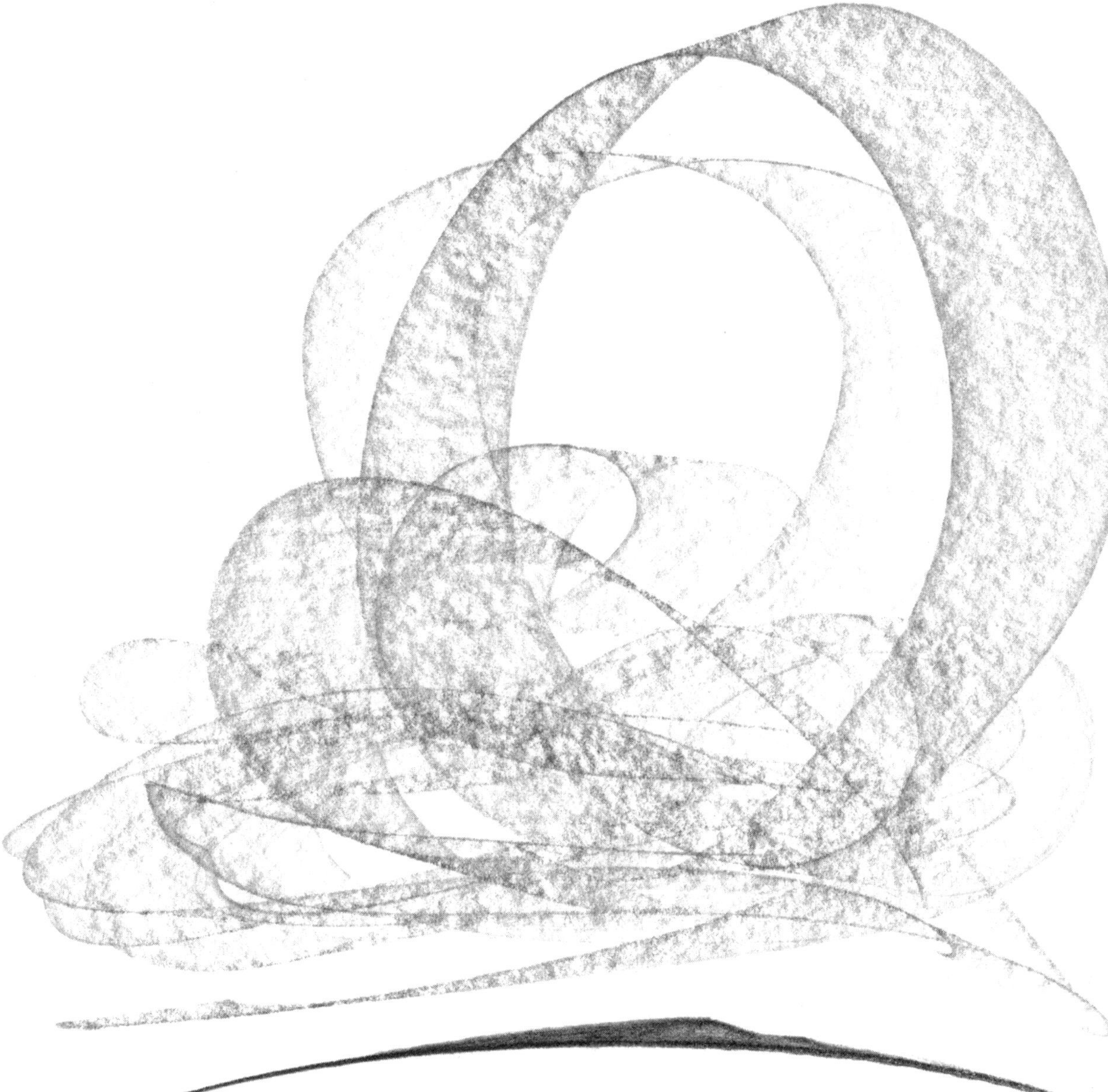

CD Nr. 18

J. B. Loillet

Triosonate F-Dur, Allegro

Segensgebet

Allmächtiger Gott,
das jüdische Mädchen Maria
hast du aus allen Menschen erwählt und geheiligt.
Sie ist selig, weil sie geglaubt hat –
ohne den Weg ihre Lebens
voraussehen zu können.
Höre auf ihre Fürbitte
und schenke mir Segen in Fülle.
Darum bitte ich durch Jesus Christus,
der im Heiligen Geist mit dir lebt in Ewigkeit.
Amen.

14

Der Herr ist wahrhaft auferstanden (Ostern)

CD Nr. 15

J. S. Bach

Choralvorspiel

«Christ lag in Todesbanden»

BWV 625

Gebet

Herrscher des Himmels und der Erde,
Gott, Vater der Menschen,
am Ostermorgen ist aller Welt offenbar geworden:
Du bist unser Retter und Erlöser.
Dein Sohn Jesus Christus hat den Tod überwunden,
er ist auferstanden in das ewige Leben hinein.
Ich danke dir, dass die Botschaft der Frauen
auch mir gilt,
auch mir Hoffnung auf Auferstehung gibt,
auch mein Leben prägt.
Mach mich immer mehr zu einem österlichen
Menschen, der die Freude weiterträgt
so wie ein kleiner Funke,
der ein großes Feuer entfacht.
Sei mit deinem Heiligen Geist in meinem Herzen,
dass mich die Botschaft der Auferstehung ergreift
und ich selbst zum Boten für andere werde.
Darum bitte ich durch meinen Herrn
Jesus Christus, der bei dir, Gott, lebt in Ewigkeit.
Amen.

Schriftlesung

Matthäus 28,1–8

Nach dem Sabbat kamen in der Morgendämmerung des ersten Tages der Woche Maria aus Magdala und die andere Maria, um nach dem Grab zu sehen. Plötzlich entstand ein gewaltiges Erdbeben; denn ein Engel des Herrn kam vom Himmel herab, trat an das Grab, wälzte den Stein weg und setzte sich darauf. Seine Gestalt leuchtete wie ein Blitz und sein Gewand war weiß wie Schnee. Die Wächter begannen vor Angst zu zittern und fielen wie tot zu Boden. Der Engel aber sagte zu den Frauen: Fürchtet euch nicht! Ich weiß, ihr sucht Jesus, den Gekreuzigten. Er ist nicht hier; denn er ist auferstanden, wie er gesagt hat. Kommt her und seht euch die Stelle an, wo er lag. Dann geht schnell zu seinen Jüngern und sagt ihnen: Er ist von den Toten auferstanden. Er geht euch voraus nach Galiläa, dort werdet ihr ihn sehen. Ich habe es euch gesagt. Sogleich verließen sie das Grab und eilten voll Furcht und großer Freude zu seinen Jüngern, um ihnen die Botschaft zu verkünden.

Betrachtung

Ostern – Tor zum Leben?

„Wenn wir erst einmal tot sind, dann ist doch alles vorbei! Dann ist das Leben aus, endgültig aus. Kein Grab hat je wieder einen herausgegeben. Der Tod ist für alle gleich. Da zählt kein Geld, kein Ansehen, keine Macht. Und wer tot ist, der ist eben tot. Also nimm dir jetzt, was du kriegen kannst, und genieße es, bevor es zu spät ist!"
Der junge Mann in der Freiburger Fußgängerzone blickt umher. Er hat mit großem Engagement gesprochen, und viele sind bei ihm stehen geblieben. Sie sehen ihn auf seiner umgestülpten Kiste, sie schweigen und sie hören zu. Und der junge Mann fährt fort: „Aber das stimmt nicht! Ganz und gar stimmt das nicht! Einen hat der Tod wieder hergeben müssen. Einen konnte das Grab nicht festhalten: Jesus von Nazaret. Er lebt. Und darum hat der Tod sein grausames Spiel ein für allemal verloren."
Eine merkwürdige Spannung liegt in der Luft. Keiner lacht. Keiner setzt etwas dagegen. Mancher fragt sich: Was die anderen wohl denken?

Ich stelle mir vor: So ähnlich werden die Predigten der Apostel ausgesehen haben, in den fremden Städten, an den Stellen, wo Menschen zusammenkamen, in den Synagogen der Juden ... immer haben sie etwas Ungewohntes zur Sprache gebracht. Und wie diesem jungen Mann wird man auch ihnen die eigene Betroffenheit angemerkt haben. Wie bei diesem jungen Mann werden auch damals viele Zuhörer weitergegangen sein und vergessen haben, was da verkündet wurde. Vielleicht aber haben sie auch weiter gesucht und weiter gefragt, denn da wagte ja immerhin einer eine Antwort auf die Frage, die wohl jeden Menschen bewegt: Ist der Tod das Letzte? Ist dann einfach alles aus und vorbei?
Wir kennen die Antwort des Glaubens seit den frühen Tagen unserer Kindheit. Manchmal ist sie uns so vertraut, dass wir sie kaum noch mit uns herumtragen, weil wir damit fertig sind, so vertraut, dass sie uns bei aller Selbstverständlichkeit gleichgültig geworden ist. Wir wissen es eben.

Christus ist auferstanden. Na und? – Erst dann, wenn einer in ungewohnter Weise diese Botschaft zu Gehör bringt oder wenn wir unmittelbar betroffen sind vom Tod eines Menschen, dann fragen wir neu nach Ostern. Dann sind wir oft ganz und gar unsicher. Und das ist nur natürlich.

Das Ereignis der Auferstehung bleibt ein Geheimnis, das wir niemals ganz ergründen werden. Die Heilige Schrift versucht uns deutlich zu machen, warum das so ist: Hier handelt Gott. Er erweist machtvoll, dass er stärker ist als das Sterben und der Tod. Darum erzählt Matthäus vom Erdbeben, darum spricht er von der glanzvollen Erscheinung des Engels, darum zittern und beben die Wächter, die verhindern sollten, dass der Leichnam Jesu entwendet wurde. Und darum gibt es in den Frauen am Grab jenes gemischte Gefühl von Furcht und Freude. Wo Gott in unserer Welt handelt, da bleiben uns eben nur Staunen und Erschrecken, Furcht und Freude. Nie werden wir nachvollziehen können, was in der Auferstehung geschehen ist, denn es übersteigt im wahrsten Sinn des Wortes unseren Horizont. Es liegt außerhalb dessen, was wir als Möglichkeit von uns aus denken können.

Woher kommt dann jene Sicherheit, die die Jünger und Jüngerinnen Jesu hingehen und verkünden lässt: Er ist auferstanden?

Die Evangelisten berichten, dass die Jünger und die Frauen das leere Grab sahen und dem Herrn begegneten. Sie erkannten den wieder, der am Karfreitag gestorben war und den sie betrauert hatten. Sie sahen, dass derselbe vor ihnen stand, dem sie so oft begegnet waren, den sie so oft gehört hatten. Und mit dem Erschrecken spürten sie die Gewissheit: Er lebt. Gott hat seine Treue zu diesem Jesus auf eine unfassbare Weise über den Tod hinaus gezeigt. Gott hat sich zu dem bekannt, der von ihm sagen konnte: Er ist mein Vater. Also hat alles seine Gültigkeit, was er gesagt und getan hat: die Heilung von Krankheiten, die Vergebung von Sünden, die Auferweckung von Toten und das

Versprechen: Auch ihr werdet leben.
Diese ungeheure Botschaft mussten sie gemeinsam erwägen und bedenken. Sie mussten sich sammeln, wie der Herr es verlangt hatte. Sie wuchsen zusammen zu einer Gemeinschaft, die dieses Ereignis lebendig hielt: Christus ist auferstanden, das Grab hat ihn nicht festgehalten. Ja, nur Ostern, nur die Auferstehung Jesu hat den Kreis der Jünger zusammengehalten. Nur weil sie sich gegenseitig im Glauben an dieses wunderbare Geschehen der Osternacht bestärkten, konnten sie hingehen und verkünden: Der Tod hat seine Macht verloren. Wer zu Christus gehört, der hat das Leben, das stärker ist als der Tod.
Sicherheit im Glauben schenkt der Auferstandene, der sich den Jüngern als der Lebendige zeigt. Sicherheit wächst dann aber auch im Miteinander derer, die überwältigt sind von diesem Ereignis. Letztlich wird die Gemeinde der Jünger zu einem sprechenden Zeugnis der Auferstehung Jesu. Dass es diesen Kreis der Jüngerinnen und Jünger gibt, dass diese Kirche lebt, das gibt uns Sicherheit im Glauben auch dann, wenn Gottes Handeln uns unerklärlich bleibt. Wir spüren staunend: Hier zeigt sich die Größe unseres Gottes, den Jesus von Nazaret verkündet hat. Wir können dankbar sagen: Dieser Jesus von Nazaret ist wirklich Gottes Sohn. Wir dürfen sicher sein: Wie Jesus den Tod überwunden hat, so werden auch wir leben.
Diese Botschaft soll in die Welt hinausgehen. Dass Hoffnung sich ausbreiten kann, liegt auch an uns.

CD Nr. 9

G. Ph. Telemann

Trio c-Moll, Allegro

Segensgebet

Der Gott des Lebens sei in meinem Herzen,
damit die Hoffnung auf eine Zukunft mich erfüllt.
Jesus Christus, der den ewigen Tod getötet hat,
belebe meine Sinne,
damit ich mit ganzer Kraft das Leben liebe.
Der Heilige Geist bewege mein Herz,
damit ich zum Zeichen der Auferstehung
und zu einem österlichen Menschen werde.
So segne mich Gott, der Vater, der Sohn
und der Heilige Geist.
Amen.

15

Der gute Hirte

CD Nr. 1

J. S. Bach

Choralvorspiel

«Vater unser im Himmelreich»

BWV 636

Gebet

Gott, Vater im Himmel,
du bist wie ein guter Hirt
und du weidest mich auf grünen Auen.
Du kennst mich
und du bist bei mir – alle Tage meines Lebens.
Ich danke dir für deine Nähe,
auch wenn ich sie nicht immer spüre.
Sei mein Schutz und meine Hilfe,
wenn ich Angst habe,
wenn der Alltag mich zu ersticken droht,
wenn ich umherirre und deine Stimme nicht höre.
Denn du bist mein Schutz und meine Zuversicht,
dir sei der Lobpreis und die Ehre in Ewigkeit.
Amen.

CD Nr. 11

J. J. Quantz

Sonate C-Dur, Affetuoso

Schriftlesung

Johannes 10,11–16

Ich bin der gute Hirt. Der gute Hirt gibt sein Leben hin für die Schafe. Der bezahlte Knecht aber, der nicht Hirt ist und dem die Schafe nicht gehören, lässt die Schafe im Stich und flieht, wenn er den Wolf kommen sieht; und der Wolf reißt sie und jagt sie auseinander. Er flieht, weil er nur ein bezahlter Knecht ist und ihm an den Schafen nichts liegt. Ich bin der gute Hirt; ich kenne die Meinen und die Meinen kennen mich, wie mich der Vater kennt und ich den Vater kenne; und ich gebe mein Leben hin für die Schafe. Ich habe noch andere Schafe, die nicht aus diesem Stall sind; auch sie muss ich führen und sie werden auf meine Stimme hören; dann wird es nur eine Herde geben und einen Hirten.

Der gute Hirte nach Psalm 23

Gott selbst ist für mich wie ein Hirte,
er kümmert sich und sorgt sich um mich.
Er lässt mich auf saftigen, grünen Wiesen weiden
und er führt mich zur frischen Quelle,
wo ich ausruhen kann.
Er gibt mir, was ich zum Leben brauche
und er zeigt mir, auf welchen Wegen
ich in seinem Namen gehen kann.
Auch wenn Dunkelheit mir Angst macht,
wenn ich die Orientierung verliere –
ich brauche mich nicht zu fürchten.
Du, Gott, bist bei mir,
dein Hirtenstab
und dein sicherer Schritt mir voraus,
sie sind meine Zuversicht.

Meine Feinde schauen zu,
du deckst mir den Tisch – vor ihren Augen.
Du salbst meinen Kopf
und schenkst mir den Becher voll.
Mein Leben lang geht es mir gut,
denn du bist liebevoll und sorgst für mich.
In deinem Haus darf ich wohnen,
du meine Zukunft.

Segensgebet

Gott, guter Hirte,
mein Vater im Himmel,
segne und behüte mich.
Sei mit deiner Liebe und Güte bei mir
und begleite mein alltägliches Tun
mit deiner Gnade.
Lass dein Angesicht über mir leuchten
und sei mir gnädig.
Darum bitte ich durch deinen geliebten Sohn,
Jesus Christus,
der mit dem Heiligen Geist bei dir lebt in Ewigkeit.
Amen.

16

Wie sieht Gott aus? (Weihnachten)

CD Nr. 28

D. Buxtehude

Choralvorspiel

«Nun komm der Heiden Heiland»

BuxWV 211

Gebet

Gott des Lichtes und des Friedens,
du bist in der Gestalt eines kleinen Kindes
zu uns Menschen gekommen,
du hast durch deinen Sohn Jesus, den Christus,
strahlendes Licht
in die Dunkelheiten der Welt gebracht.
Erleuchte auch mein Herz,
dass ich dich in mir erkenne,
dass ich dich erspüre,
dass ich mich immer in dir geborgen weiß.
Dir, dem ewigen und nie verlöschenden Licht,
sei der Lobpreis in Ewigkeit.
Amen.

Schriftlesung

Johannes 1,1–18

Im Anfang war das Wort, und das Wort war bei Gott, und das Wort war Gott. Im Anfang war es bei Gott. Alles ist durch das Wort geworden und ohne das Wort wurde nichts, was geworden ist. In ihm war das Leben, und das Leben war das Licht der Menschen. Und das Licht leuchtet in der Finsternis, und die Finsternis hat es nicht erfasst. Es trat ein Mensch auf, der von Gott gesandt war; sein Name war Johannes. Er kam als Zeuge, um Zeugnis abzulegen für das Licht, damit alle durch ihn zum Glauben kommen. Er war nicht selbst das Licht, er sollte nur Zeugnis ablegen für das Licht.

Das wahre Licht, das jeden Menschen erleuchtet,
kam in die Welt.
Er war in der Welt,
und die Welt ist durch ihn geworden,
aber die Welt erkannte ihn nicht.
Er kam in sein Eigentum,
aber die Seinen nahmen ihn nicht auf.
Allen aber, die ihn aufnahmen,
gab er Macht, Kinder Gottes zu werden,
allen, die an seinen Namen glauben,
die nicht aus dem Blut,
nicht aus dem Willen des Fleisches,
nicht aus dem Willen des Mannes,
sondern aus Gott geboren sind.
Und das Wort ist Fleisch geworden
und hat unter uns gewohnt
und wir haben seine Herrlichkeit gesehen,
die Herrlichkeit des einzigen Sohnes vom Vater,
voll Gnade und Wahrheit.

Johannes legte Zeugnis für ihn ab und rief: Dieser war es, über den ich gesagt habe: Er, der nach mir kommt, ist mir voraus, weil er vor mir war. Aus seiner Fülle haben wir alle empfangen Gnade über Gnade. Denn das Gesetz wurde durch Mose gegeben, die Gnade und die Wahrheit kamen durch Jesus Christus. Niemand hat Gott je gesehen. Der Einzige, der Gott ist und am Herzen des Vaters ruht, er hat Kunde gebracht.

CD Nr. 20

G. Sammartini

Sonate F-Dur, Largo

Betrachtung

Wie sieht Gott aus?

Wie sieht Gott aus? Die Umfrage einer Illustrierten regt die Phantasie an. Da schreibt einer: Wenn ich auf hohen Bergen stehe und die gewaltige Bergwelt sehe, dann kann ich mir eine Vorstellung von seiner Größe machen. Gott ist für mich vor allem groß. Eine andere sagt: Gott, das ist für mich ein unbeschriebenes Blatt, ein freier Raum. Eine Dritte antwortet: Da ist einer, aber wer das ist, weiß ich nicht. Und wieder ein anderer schreibt: Gott, das sind für mich bergende Hände, in die ich mich schmiegen kann.

Wie sieht Gott aus? Das ist eine alte Frage. Sie war Anlass zu Spekulationen unter Philosophen und zu Erzählungen der Völker und Kulturen, sie hat über Jahrtausende die Künste inspiriert. Es gibt viele Darstellungen von Gott. Manche Bilder und Skulpturen wirken erschreckend, andere haben einen beruhigenden Ausdruck. Sie spiegeln die ganz unterschiedlichen Erfahrungen wider, die Menschen mit Gott gemacht haben.

Das Johannesevangelium vermischt Erzählen und Abstrahieren und stellt Gott quer zur Denkrichtung vieler Menschen. Das Hauptsignal ist: Ihr dürft es euch nicht zu einfach machen. Ihr werdet es nicht fassen, wie Gott aussieht und wer er ist. Ist das das letzte Wort? Sicherlich nicht für Johannes, der erzählen wird aus dem Leben Jesu und von seinen Begegnungen mit Menschen. Und sicherlich auch nicht für uns, die wir Weihnachten feiern. Und die Antwort des Weihnachtsfestes sieht einfach aus, fast zu einfach: Gott ist derjenige, der uns ansieht mit den Augen eines Kindes. Wie sieht Gott aus? Seit Betlehem können wir auf die Krippe zeigen und sagen: „Seht da, unser Gott." Einer, der ganz klein anfängt und am Kreuz endet. Einer, der sich tatsächlich so endgültig an uns bindet, dass er Mensch wird. Einer, von dem uns nichts mehr trennen kann: nicht mehr seine Größe und unsere Schwäche, nicht mehr seine Ewigkeit und unsere Sterblichkeit. Wir schauen auf das Kind in der Krippe und können sagen: „Seht da, unser Gott, so sieht er aus und so blickt er uns an."

Wer im Blick auf das Kind etwas von Gott ahnt, der findet auch eine Spur von Gott, wenn Menschen einander in die Augen sehen. Der kann spüren, dass Gott da ist, wenn wir einander ins Leben schauen und auf unser eigenes Leben blicken. Nach Weihnachten ist nichts mehr wie vorher. Unser Leben und das Leben der anderen trägt unauslöschlich Gottes Spur. An Weihnachten dürfen wir immer neu entdecken, wie nahe Gott uns ist und wie eng wir mit ihm verbunden sind.

CD Nr. 19

G. Sammartini

Sonate F-Dur, Allegro

Segensgebet

Gott, Kind in der Krippe,
Gott, mächtiger Herrscher!
Sei mit deinem Licht immer bei mir
und begleite mich mit deinem Segen
alle Tage meines Lebens.
Lass dein Licht auf meinem Gesicht leuchten,
dass ich das Feuer deines Geistes in die Welt trage
und von dir erzähle, der du den Menschen einst
menschlich so nahe kamst.
Dank sei dir in Ewigkeit.
Amen.

17

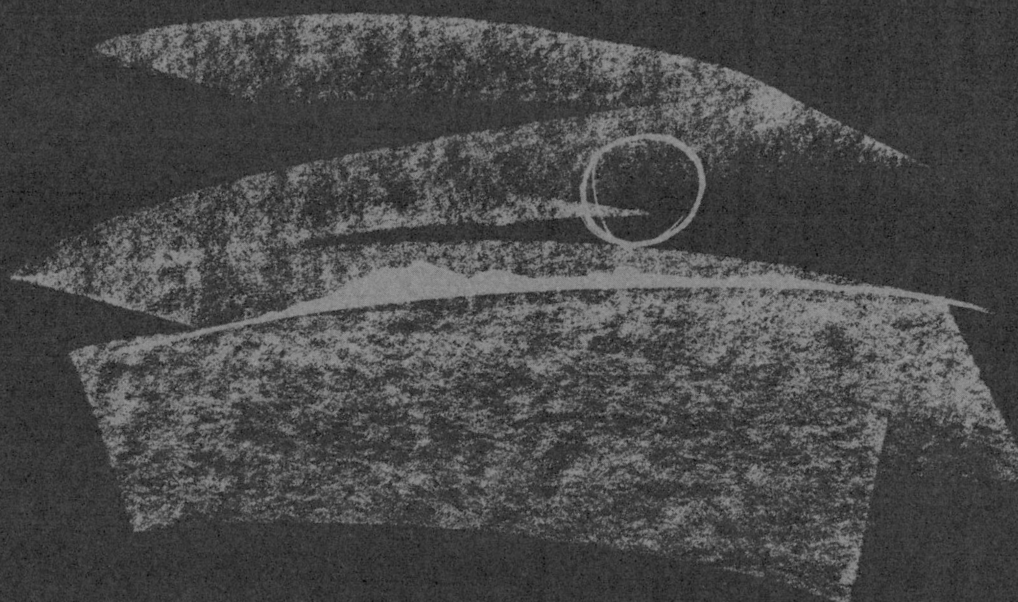

Sehnsucht nach Gott

Gebet

Gott, du allmächtiger Gott,
in deinem geliebten Sohn
hast du dich offenbart.
Er ist der Hoffnungsschimmer am Horizont,
er ist die Zuversicht, die uns leben lässt.
Sei mit deinem Geist in meinem Herzen
und in meinen Gedanken,
dass ich deinen Weg erkenne,
deine Liebe erfahre
und für andere ein Zeichen deiner Gegenwart bin.
Darum bitte ich durch deinen geliebten Sohn
Jesus Christus,
der im Heiligen Geist mit dir lebt in Ewigkeit.
Amen.

Schriftlesung

Lukas 2,22-38

Dann kam für sie der Tag der vom Gesetz des Mose vorgeschriebenen Reinigung. Sie brachten das Kind nach Jerusalem hinauf, um es dem Herrn zu weihen, gemäß dem Gesetz des Herrn, in dem es heißt: Jede männliche Erstgeburt soll dem Herrn geweiht sein. Auch wollten sie ihr Opfer darbringen, wie es das Gesetz des Herrn vorschreibt: ein Paar Turteltauben oder zwei junge Tauben.

In Jerusalem lebte damals ein Mann namens Simeon. Er war gerecht und fromm und wartete auf die Rettung Israels und der Heilige Geist ruhte auf ihm. Vom Heiligen Geist war ihm offenbart worden, er werde den Tod nicht schauen, ehe er den Messias des Herrn gesehen habe. Jetzt wurde er vom Geist in den Tempel geführt; und als die Eltern Jesus hereinbrachten, um zu erfüllen, was nach dem Gesetz üblich war, nahm Simeon das Kind in seine Arme und pries Gott mit den Worten:

Nun lässt du, Herr, deinen Knecht,
wie du gesagt hast, in Frieden scheiden.
Denn meine Augen haben das Heil gesehen,
das du vor allen Völkern bereitet hast,
ein Licht, das die Heiden erleuchtet,
und Herrlichkeit für dein Volk Israel.

Sein Vater und seine Mutter staunten über die Worte, die über Jesus gesagt wurden. Und Simeon segnete sie und sagte zu Maria, der Mutter Jesu: Dieser ist dazu bestimmt, dass in Israel viele durch ihn zu Fall kommen und viele aufgerichtet werden, und er wird ein Zeichen sein, dem widersprochen wird. Dadurch sollen die Gedanken vieler Menschen offenbar werden. Dir selbst aber wird ein Schwert durch die Seele dringen.

Damals lebte auch eine Prophetin namens Hanna, ein Tochter Penuëls, aus dem Stamm Ascher. Sie war schon hochbetagt (...) Sie hielt sich ständig im Tempel auf und diente Gott Tag und Nacht mit Fasten und Beten. In diesem Augenblick trat sie hinzu, pries Gott und sprach über das Kind zu allen, die auf die Erlösung Jerusalems warteten.

Betrachtung

Sehnsucht

„Ich habe genug! Ich habe den Heiland, das Hoffen der Frommen auf meine begierigen Arme genommen." Das sind die Anfangsworte der Bachkantate zum Fest Mariä Reinigung, dem heutigen Fest der Darstellung des Herrn. Dem greisen Simeon werden diese Worte in den Mund gelegt: „Ich habe genug." Sie sind voller Sehnsucht nach der Erfüllung seines Lebenswunsches, noch vor seinem Tod den verheißenen Heiland in den Armen halten zu dürfen. Offenbar war sein ganzes Leben von diesem einen, entscheidenden Wunsch geprägt. All sein Handeln, alle seine Gedanken gingen immer wieder in diese Richtung. Das Evangelium berichtet, der Heilige Geist habe ihm offenbart, dass er es noch erleben würde. Jetzt endlich, wo es so weit ist, kann er mit leichtem Herzen sagen: „Ich habe genug!"

Der Text der Kantate fährt ähnlich drastisch fort: Simeon will noch am selben Tag aus dem Leben scheiden. Diese Begegnung mit dem kleinen Kind, mit einem nicht einmal sechs Wochen alten Baby, hat sein altes, weises Leben zur Vollendung geführt. Alles andere ist ihm völlig unwichtig. Er hat nur noch dieses eine Ziel.

Welch ein Wille, welche Kraft dieses Gefühls „Sehnsucht" muss dahinterstehen, wenn jemand alles hinter sich lässt, um ein einziges Ziel zu erreichen! Hier ist dieses Ziel ein hilfloses Baby in den Armen der Mutter – und doch so viel mehr. Simeons ganz persönliche Sehnsucht erfüllt sich, und gleichzeitig kann er beruhigt aus dem Leben gehen, denn die Erlösung des Volkes hat in diesem kleinen Wesen begonnen. Der alte Simeon sieht nicht nur seinen letzten, heißesten Wunsch erfüllt, sondern weiß: Hier ist die Erlösung der Menschheit, der lang ersehnte Christus. Und wie weitsichtig: Er sagt der Mutter den Schmerz voraus, er ahnt, wie alles in diesem Kind zur Entscheidung geführt werden wird. Simeon prophezeit, dass sich an ihm die Geister scheiden werden.

Was ist diese Sehnsucht, die Sehnsucht nach dem Tod? Ist es die Sehnsucht eines Großvaters, der

wenigstens ein Enkelkind in den Armen halten möchte, bevor er stirbt? Oder ist es ein "Genug vom Leben", ein Sattsein, ein Überdruss, der den Tod herbeisehnen lässt? Ganz deutlich weiß der Evangelist Lukas zu erzählen, dass diese Todessehnsucht kein Selbstzweck ist. Simeon weiß, dass er gehen muss, wenn seine Zeit zu Ende geht.
Das Kommen und Gehen ist nicht der eigentliche Grund, warum Lukas so pointiert von Simeon und Hanna erzählt. Ihr Alter ist ein Hinweis auf ihre Lebenserfahrung. Sie haben beide schon vieles mitgemacht. Sie haben kaum noch irdische, leibliche Bedürfnisse. Ihre ganze Sehnsucht ist der Tod, aber der erfüllte Tod, der hoffnungsvolle Tod, ein erlöstes Aus-der-Welt-Gehen in der Gewissheit: Ich lasse nichts zurück, das mich halten könnte. Ich persönlich bin meinem Gott begegnet.
Es ist mehr als nur eine Sehnsucht nach einem Ende. Ist es nicht vielmehr die Sehnsucht nach dem Leben, nach einem Leben in der Geborgenheit des Schoßes Gottes? Das Leben, das vor Maria und Josef, und das Leben, das vor Jesus lag, ist uns allen bekannt. Es war vermutlich kein Leben, das aus einer Aneinanderreihung von Belanglosigkeiten bestand. Es war ein intensives Leben, ein Leben, das erfüllt war von einer Botschaft, von einer Aufgabe, von einer Sendung. Auch weniger theologisch betrachtet wird deutlich, dass jedes Leben eine Mitte braucht. Das muss nicht die spektakuläre Vision am Ende des Lebens sein. Das kann auch die kleine Lebenssehnsucht sein, die ich mitten in meinem Alltag entdecke, die mir nicht zufällt, sondern die ich suchen muss. Hanna und Simeon waren dem Leben um den Tempel herum und dem Tempel selbst eng verbunden. Sie haben sich um ihre Sache gekümmert, haben auch auf manches verzichtet, um ihre eigene Sache zu verfolgen. Der Verzicht ist sicher eine mögliche Form der Konzentration auf die jedem eigene Sehnsucht nach Leben, in welcher Ausprägung auch immer. Das Lebensglück, das in dem Ausruf der Todessehnsucht „Ich habe genug!" zum Ausdruck

kommt, ist nicht zu überhören. Erfüllung bedeutet immer auch ein Ende, einen Aufbruch in etwas Neues. Das, was wir mit „Glück" bezeichnen, hat viele Gesichter. Das persönliche Glück, das eigene Gelingen eines Lebensentwurfs, soll verbunden sein mit der Möglichkeit des Glücks auch für andere. Simeon und Hanna zeigen, dass ihre ganz individuelle Sehnsucht nach Glück sich in der Sehnsucht eines ganzes Volkes aufhebt. Sie sind zufrieden mit ihrem Leben, als sie sehen:
Nicht nur mein Sehnen findet Erfüllung, auch die Erlösung der ganzen Menschheit ist möglich. Wie eine Rate des Glücks ist es, wenn Simeon das Baby Jesus in den Armen hält. Er weiß: Hier ist das Glück, das noch wachsen muss; ich aber kann für mich in Anspruch nehmen, dass ich es mit eigenen Händen anfassen und liebkosen durfte. Eine entlastende Vorstellung: Ich muss nicht alles regeln, alles fertig bekommen. Auch die Anfänge des Glücks zählen. Andere können damit weiterleben, Gott wird das Glück letztendlich in Händen halten.

Ist es Sehnsucht nach Gott, die hinter den Figuren Hanna und Simeon steht? Ist das „Ich habe genug!" ein Ausruf der Gottessehnsucht? Auskunft gibt die Deutung der Bachkantate im weiteren Verlauf der Arie, wo es heißt: „Welt, ich bleibe nicht mehr hier, hab ich doch kein Teil an dir." Anteil an der Welt zu haben ist für uns Menschen so selbstverständlich wie die Luft zum Atmen. Aber – es ist nicht alles, nur ein Teil. Einen anderen Teil können wir getrost Gott nennen. Er ist die Sicherheit, er ist unsere Freiheit, in der wir sagen können: Hier ist das Licht der Heiden, das in die Welt leuchtet. Frieden und Glück sind nicht "machbar", aber die Sehnsucht nach Gott bewirkt eine Motivation, ist eine Kraft, die uns in großer Gelassenheit in das Lied des Simeon einstimmen lässt: „Denn meine Augen haben das Heil gesehen, das du vor allen Völkern bereitet hast!"

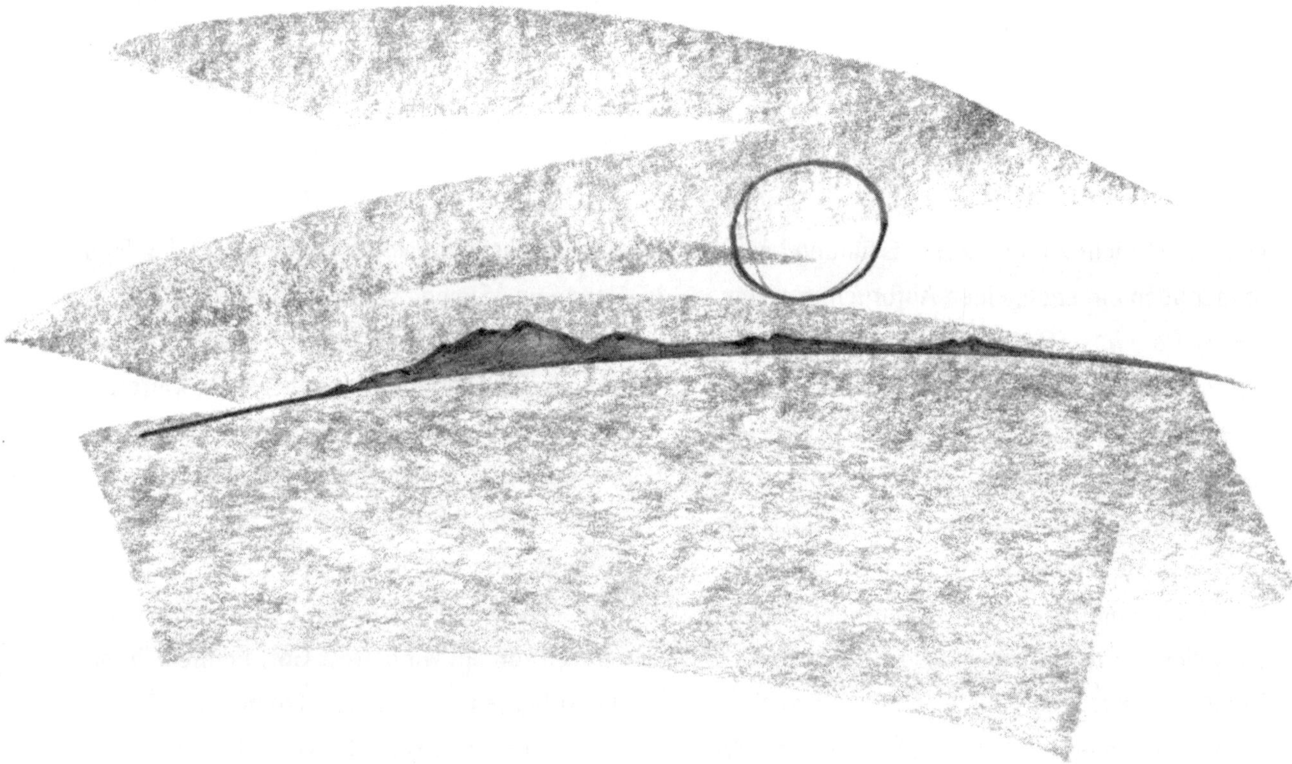

CD Nr. 6

G. Ph. Telemann

Trio c-Moll, Largo

Segensgebet

Gott, liebender Vater,
dein Geist bewegt und belebt Menschen.
Bleib mit diesem Geist bei mir und begleite mich,
damit ich in der Nachfolge deines Sohnes
mein Leben gestalte.
So segne mich,
du Gott, Vater,
du geliebter Sohn, mein Herr,
und du Heiliger Geist.
Amen.

CD-Verzeichnis

1 J. S. Bach, Choralvorspiel „Vater unser im Himmelreich", BWV 636
2 J. S. Bach, Choralvorspiel „Wenn wir in höchsten Nöten sein", BWV 641
3 J. van Eyck, Variationen über „De Lof-Zangh Marie"
4 J. S. Bach, Choralvorspiel „In dich hab ich gehoffet, Herr", BWV 640
5 J. S. Bach, Choralvorspiel „Komm, Gott Schöpfer, Heiliger Geist", BWV 631
6 G. Ph. Telemann, Trio c-Moll, Largo
7 G. Ph. Telemann, Trio c-Moll, Vivace
8 G. Ph. Telemann, Trio c-Moll, Andante
9 G. Ph. Telemann, Trio c-Moll, Allegro
10 D. Buxtehude, Choralvorspiel „Ein feste Burg ist unser Gott", BuxWV 184
11 J. J. Quantz, Sonate C-Dur, Affetuoso
12 J. J. Quantz, Sonate C-Dur, Alla breve
13 J. J. Quantz, Sonate C-Dur, Larghetto
14 J. J. Quantz, Sonate C-Dur, Vivace
15 J. S. Bach, Choralvorspiel „Christ lag in Todesbanden", BWV 625
16 J. B. Loillet, Triosonate F-Dur, Allegro
17 J. B. Loillet, Triosonate F-Dur, Largo
18 J. B. Loillet, Triosonate F-Dur, Allegro
19 G. Sammartini, Sonate F-Dur, Allegro
20 G. Sammartini, Sonate F-Dur, Largo
21 G. Sammartini, Sonate F-Dur, Allegro
22 J. S. Bach, Choralvorspiel „Ich ruf zu dir, Herr Jesu Christ", BWV 639
23 J. S. Bach, „Es ist das Heil uns kommen her", BWV 638
24 A. Corelli, Sonate G-Dur, Andante

25 A. Corelli, Sonate G-Dur, Corrente, Gavotta

26 D. Buxtehude, Choralvorspiel „Nun bitten wir den Heiligen Geist", BuxWV 208

27 J. van Eyck, Variationen über „Doen Daphne d'over schoone Maeght"

28 D. Buxtehude, Choralvorspiel „Nun komm der Heiden Heiland", BuxWV 211

29 G. Ph. Telemann, Triosonate g-Moll, Vivace

30 G. Ph. Telemann, Triosonate g-Moll, Soave ma non adagio

31 G. Ph. Telemann, Triosonate g-Moll, Allegro

32 J. S. Bach, Choralvorspiel „Ach bleib bei uns, Herr Jesu Christ", BWV 649

33 J. S. Bach, Choralvorspiel „Wer nur den lieben Gott lässt walten", BWV 642

Quellenverzeichnis

Seite 25
Aus: Das Leben unseres Herrn Jesus Christus. Von Charles Dickens aufgeschrieben für seine Kinder, © Insel Verlag, Frankfurt/Main 1989

Seite 32, 93
Aus: Lutherbibel, revidierter Text 1984, © 1985 Deutsche Bibelgesellschaft, Stuttgart

Seite 38, 45
Aus: Das Neue Testament. Übers. v. Fridolin Stier. Aus dem Nachlass hrsg. v. Beck/Miller/Sitarz. Kösel-Verlag, München/Patmos, Düsseldorf

Seite 87
Aus: Die Bibel oder die ganze Heilige Schrift des Alten und Neuen Testaments nach der Übersetzung Martin Luthers, Textfassung 1912

Alle übrigen Bibeltexte
Aus: Einheitsübersetzung der Heiligen Schrift, © 1980 Katholische Bibelanstalt, Stuttgart